フロントランナー
Front Runner

5

ボーダーレスな社会へ

監修：朝日新聞be編集部

はじめに

近年、「ボーダーレスな社会」であることが求められています。
「ボーダーレス（borderless）」とは、文字通り
「境界線（ボーダー）のない（レス）」状態を意味する英語です。
これまでは国境や地域の境界など、「物理的な境界線」がないことを意味する言葉でしたが、近年、社会の変化とともに、文化や言語、思想といった「社会的な境界」に対しても広く使われるようになりました。

「社会的な境界」の例を挙げると、じつにさまざまです。
性別や国籍、人種、身長や年齢、体格、障害の有無、性自認・性的指向……
正社員か非正規雇用かといった、労働における境遇の違いもあてはまるでしょう。

本書には、こういった境界分けに「ちょっと待った！」と声を上げた
10人の「フロントランナー」たちが登場します。
例えば、渋谷区役所でジェンダー平等の推進を担当した永田龍太郎さんは、
自らのセクシャリティーをカミングアウト（告白）しつつ、

性的少数者への支援や啓発事業に邁進しています。

一方、自身の車椅子での生活をコミカルに発信し、親しみを持ってもらうことで「人々が障害者と接するときの、ぎこちなさ」を取り去ろうとしているのが車椅子インフルエンサーの中嶋涼子さん。

女性、国籍という壁を超えて世界で活躍するダンサー・RIEHATAさんに、ジャンルの境界線を超えるピアニストの角野隼斗×かてぃんさん。


「ボーダーレスな社会」が求められる理由は、誰もが自分だけの幸せを追求する権利を持っているため。

そして、そんな社会の実現のために私たちができるのは、まずは「知ること」です。

そのための手段の一つとして、この本をみなさんにお届けしたいと思います。

朝日新聞be編集部
岩崎FR編集チーム

CONTENTS

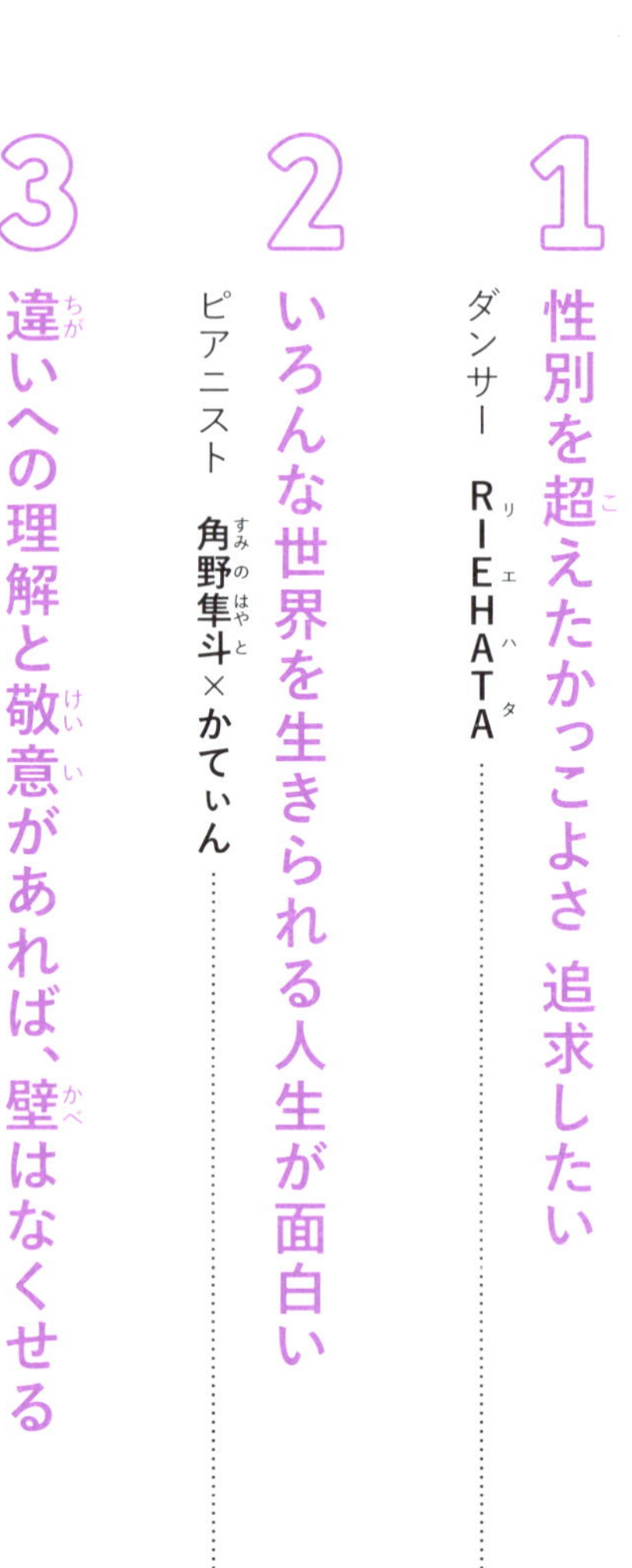

※本書は朝日新聞be「フロントランナー」の記事をまとめたものです。記事の内容は掲載当時のものです。
※今回の書籍化にあたり、取材当時から状況が変わった内容については一部改訂しています。

ボーダーレスな社会へ 1

性別を超(こ)えたかっこよさ追求したい

ダンサー RIEHATA(リエハタ)

世界が認めた個性とパワー

踊り出すと153センチの体が180センチの男性よりも大きく見える。パワフルで個性的なダンスは世界のトップアーティストたちを引きつけてきた。米国のグラミー賞歌手クリス・ブラウンと共演し、世界的人気を誇る韓国のグループBTSの振り付けも手がけた。

男性の世界というイメージの強かったヒップホップダンスにあってジェンダーも国境も超え、前線に立ち続ける。

そのダンスの表現力に深みを加えているのが自身の人生体験だ。31歳にして幾度も試練を乗り越えてきた。

ダンスだけでなく、そのファッションが世界中から注目されている。インスタグラムのフォロワー数は68.8万人に及ぶ（2024年7月時点）＝東京都渋谷区

生まれは新潟県糸魚川市。音楽好きのフィリピン人の母の影響で幼いときから歌とダンスが大好きだった。

小学4年でダンスを本格的に始めるため一家で川崎へ。猛練習で頭角を現し中学卒業後すぐに単身、米ロサンゼルスに渡るが、本場のレベルの高さにうちのめされた。ダンスに必要なのは個性、自己を表現できる自信だと気づき、孤独な自主練でスキルを磨いた。

日本に帰ってアルバイトで資金をためてはまたロスへ。東京で路上レッスンを開くと、多くの生徒が集まってきた。**そんな修業を約3年間くり返すうちに「SWAG」(かっこいい)と呼ばれるスタイルに行き着き、日米で注目されるようになる。**力強さに加え、首、

ここが気になる!

RIEHATAさんはどんな振り付けを手がけたの?

BTSはもちろん、ENHYPEN、NCT DREAM、NCT 127、JO1、TWICE、aespaなどの韓流アイドルグループを担当。日本ではNumber_i、King & Prince、EXILE、GENERATIONS、三代目J SOUL BROTHERSなど、多くのアーティストからのオファーが絶えない。

肩、腰などを部位ごとに細かく動かし、ひねたしぐさなども交えて、表情豊かにみせるのが特徴だ。

■レディー・ガガのバックダンサーに抜擢される

さらなる転機は2010年。来日したレディー・ガガの出演する歌番組で

プロフィール

1990年 新潟県生まれ。

2000年 川崎市へ引っ越し、ダンスを本格的に始める。

2006年 米国ロサンゼルスへダンス修業のため単身渡る。日米を往来する。

2010年 レディー・ガガのバックダンサーをつとめる。世界20カ国以上からレッスン・振り付けのオファーを受ける。

2013年 初めてK-POPの振り付けを担当。ひざに大けがを負う。チームRIEHATATOKYO（RHT）を結成。

2016年 クリス・ブラウンのミュージックビデオに出演。翌年BTSの曲の振り付けを担当。

2021年 日本初のプロダンスリーグ「Dリーグ」にチーム「avex ROYALBRATS」を率いて出場、優勝。

★家族は長男と次男。

★著書に『ダンスで世界を変えた人生サバイブ術 逆境モチベQUEEN』（KADOKAWA）がある。

バックダンサーに抜擢され、評判を呼んだ。世界中からレッスンの依頼が殺到し、20カ国以上を駆け回った。

そんななかで結婚、21歳で出産し、当時ヒップホップでは珍しい「母親ダンサー」として舞台に立ち続けた。

しかし無理がたたり、ひざの靱帯断裂の大けがを負う。第2子の妊娠もわかり、ダンスをあきらめる決断をせざるをえなかった。

それでも情熱はやまなかった。手術を受け、過酷なリハビリに耐え、

日本初のプロダンスリーグ「Dリーグ」で、RIEHATA（中央）さんが率いる「avex ROYALBRATS」は初代王者に輝いた＝瀬戸口翼撮影

2年後に復帰した。「奇跡としかいいようがない」と振り返る。

2018年、2年半ぶりに復活するEXILEの振り付けを託された。依頼したAKIRAさんは言う。**「世界のどの場所もダンスフロアに変えてしまうパワーを持つ人。日本人ダンサーが誰もなしとげていないことをしています」**。

いまはシングルマザーとして2児を育てながら歩み続ける。昨年は日本初のダンスのプロリーグ「Dリーグ」に自分の生徒たちを率いて優勝した。

これからさらに多くの人にダンスを教えるつもりだ。「日本人だからとか女性だからとか、いろんな理由で勇気を持てない人たちに夢とチャンスを与えたい」。

RIEHATAさんに聞いてみよう

Q

幼いときからダンスが好きだったそうですね。

A

いつも家で踊っていた記憶があります。

3歳の頃に両親は離婚。田舎に住んでいて母子家庭だったので、ダンスを習いに行くお金もないから、テレビやビデオを見て踊っていました。

モーニング娘。を完全にコピーしたり、パラパラを一生懸命練習したり。

アイドルが好きというより、フォーメーションの動きや構成が面白かったんです。

Q

お母さんの影響が大きかったのですか？

A

大きいですね。母はフィリピン出身で、すごく明るくポジティブ。根は真面目でストイックなのですが。私は母似です。元歌手でバンドを組んでいたのでいつも音楽をかけていました。

周りを巻き込んで楽しむのがフィリピンの文化、私にも根付いている気がします。ダンスや音楽で人を喜ばせたいという気持ちは内から出ているかなと。

Q

ヒップホップダンスは日本人には難しいというイメージがありますが。

A

16歳でロサンゼルスのダンススタジオを訪ねたとき、レベルの違いに衝撃を受けました。みんなが自信に満ちあふれている。自分の存在が消された感覚を覚え、心が折れそうになった。まずダンスのスキルを磨くしかない。自主練でバレエやジャズダンスも始め、基礎力をつけました。

Q

国内外のアーティストから「RIEHATAのダンスをしたい」と言われるようになりましたね。

A

アジア人は黒人とはパワーや体格が違う。でも繊細さや「努力する」ところはアジア人らしい特性だと思います。**小柄でパワーも少ないならファッションで着飾ろうとか、筋力が足りないなら繊細な指先や足先の動きで魅了しようとか、コンプレックスから生まれる武器を見いだしているうちに自分のダンスの個性が出てきました。**20歳の頃です。

ちょっとした遊び心というか、普通のことをそのまま表現しない、ひねった見せ方です。とんがって誇張して見せる。アジア人だから細かい表現ができると思います。

Q 振り付けでは何を心がけていますか？

A 曲がどんなコンセプトか、何がやりたいのか、徹底して聞きます。私にとってダンスはツール。**それを通してその人自身、個性が見えるものにしたい。でも狙って出すのではなく、ダンスから自然ににじみ出てくるものだ**と思います。

振り付けるの、めちゃくちゃ早いんですよ。ぽんぽんと絵が浮かび、あとは自分の体でそれを体現していく。でも、それは育児とかで時間がなく、いつもタイムリミットの状態に置かれているからかもしれません。

Q 2児の母親として育児とダンサーの仕事をどう両立させていますか？

A

シングルマザーになって4年ほどになりますが、最初は自分の立場の弱さも感じ、絶望的になりました。

でもシングルマザーだから女性だから、好きなことができないとか、リーダーになれないとかはダメだと思うんです。

私があきらめない姿（すがた）を見せることで、女性に勇気をもってもらいたい。今まさに頑張（がんば）っているところです。

写真は長男、次男、いつも応援（おうえん）してくれる母（右）と姉（左）と

Q

ダンサーの世界は男社会なのですか？

だと思います。たとえば、少し前までは女性が男性の振り付けをするのは考えられませんでした。

でも、女性だから男性だからではなく、一人のダンサーとして見てほしい。BTSもEXILEもそこを信頼してくれました。そういう壁は少しずつなくなってきているとも思います。性別を超えたかっこよさを追求したいです。

Q

23歳でひざの靭帯断裂という大けがをして、ダンスを一度あきらめたのになぜ？

A

長男を出産して、体が弱っていたのに気合だけで頑張っていたら、気づくと大けがをしていて。ダンスが無理とわかったときは人生で一番泣きました。絶望を通り越して放心状態。ダンサーの生徒や仲間、ファンの人たちの応援に救われました。

リハビリはめちゃくちゃつらかったけれど、できることを全部して体を少しずつ強くしていったら、なんとか踊れるようになりました。今もひざには、人工靭帯とボルトが4本入っています。

Q

なぜ、そんなに頑張れるのでしょうか？

A

ダンスが一番好きなことだから。好きなことを全力でやっているだけなのです。

これって努力なのかな。**自分を信じて自分の好きなことに全力を注げ**

ば人は誰でも輝ける。その可能性を信じています。

Q

これからダンスを通じてしたいことは何ですか？

A

ダンサーはすごくクリエーティブな仕事なのに、日本ではまだ認知度が低く、歌手の後ろで踊っている人、というイメージです。ダンサーだけでは食べていけず、アルバイトをしながら頑張っている人も少なくありません。

今はまだ過渡期。自分が活動することでダンサーにアーティストとして広く夢を与えられるようになれば。若い世代への架け橋になりたいと思っています。

Column もっとくわしく知りたい！

リアルな現場の最前線

日本人振付師は K-POP界でも引っ張りだこ

K-POP界で活躍する振付師にはRIEHATAさん以外にも仲宗根梨乃、s**t kingz（フロントランナー１巻参照）などがいる。さらに近年はYUMEKI、ReiNa、Sota Kawashima、KAZtheFIREなど、20代の活躍がめざましい。
日本人振付師がK-POP界で重宝されている理由は、教える本人たちのダンススキルが高いこと、また、キャッチーな振りを付けられることなどが挙げられるだろう。韓国ではファンを飽きさせないように、新曲ごとに曲のテイストや振り付けを大きく変化させる。印象的なポーズは曲の売り上げを左右すると言われるほど重要なのだ。

ボーダーレスな
社会へ
2

いろんな世界を生きられる人生が面白い

ピアニスト
角野隼斗(すみのはやと)×かてぃん

垣根なき王国で、奏でる独創

「行儀良く、なんて思わなくていいです。僕が盛り上がっていたら一緒に盛り上がって。でも、小さい音になったら……静寂を味わってください」。

ショパン国際ピアノコンクール後の初仕事は、神戸の学校を訪れ、講演と演奏をすることだった。ショパンの「子犬のワルツ」がみるみるうちに目眩くジャズのハーモニーに彩られ、元気いっぱいだった中高生たちが、魔法にかかったように静まりかえってゆく。

リクエストに応じ、「天空の城ラピュタ」「糸」「戦場のメリークリスマス」などの即興メドレーも。なじみの旋律が、思わぬ衣装に着替えて飛びだしてくる。ポップにアレンジされた校歌には、先生たちも破顔一笑。ジャンルのスイッチを切り替えていることに誰も気付かない。全ての音楽が軽重なく、この人の中では地続きなのだ。

■オンラインと現実、両方が舞台

東京大学に進学し、パリで最先端の音楽情報処理の研究に従事した。クラシックに軸足を置くピアニストである一方で、ユーチューブでも「Cateen／かてぃん」の名で90万ものフォロワーを自在なアレンジで楽しませる。

ショパン・コンクール後の初仕事。演奏する角野隼斗さん=11月12日、神戸市灘区の六甲学院

垣根を越えるのではなく、垣根のない世界を生きる。オンライン空間と現実の両方に自ら舞台を構え、何者とも比較されない自分だけの王国を模索する。そのありようは武満徹や伊福部昭（ともに作曲家）ら、独学の巨星たちを彷彿させる。

「現代は、『遊び』が価値になる時代。将来の夢はなくていい。好きなこと、楽しいことにどんどんのめりこむことが、人生の豊かさに直結する」。

そう生徒たちに語りかけていた口調が、ふと熱を帯びる瞬間があった。「**自分の可能性を信じ、支えてくれる人たちを、どうか大切にしてください**」。

自身の才能をわかりやすいカテゴリーに押し込めようとせず、あるがままの独創を見守ってきてくれた人

ここが気になる!

音楽大学（音大）ではどんなことを学ぶの？

音大では自らの専攻した楽器、声楽、指揮、作曲などを学ぶ「実技」、音楽そのものを学問として研究する「音楽学」、さらに指導者などを育成する「音楽教育」など、さまざまな専攻がある。音楽に没頭し、理解を深めるだけでなく、音楽家を目指すなど同じ目的を持つ仲間と切磋琢磨することで、自分自身をレベルアップさせることができる。

たちへの感謝の告白のように響いた。

最後は、ショパンのピアノ協奏曲第1番の第2、3楽章。20歳のショパンが故郷のワルシャワを離れ、名声を築くべく新天地のウィーンへと赴くにあたり、告別演奏会で初演した曲だ。

称賛への高揚、甘やかな感傷、未来への希望と不安、天賦の才への矜持、健

プロフィール

1995年 千葉県八千代市生まれ。ピアノ教師の母に3歳から手ほどきを受け、6歳で金子勝子氏に師事。

★開成中学・高校に進学。ハードロックに関心を持ちバンド活動に邁進。15歳でニコニコ動画に演奏動画の投稿を始める。

2014年 東京大学へ。工学部で音楽情報処理を研究。情報理工学系研究科の大学院1年のとき、ピティナ・ピアノコンペティションで特級グランプリ受賞。ピアニストとして生きる覚悟を固める。

★フランス国立音響音楽研究所（IRCAM）に半年間留学。自動採譜技術の研究に取り組む。ピアニストのジャンマルク・ルイサダ氏にも師事。抜群のアレンジ能力を生かし、ユーチューブでの活動も本格化させる。2021年10月、ショパン国際ピアノコンクールで第3次予選に進出。

やかな野心。この曲を書いた頃のショパンが抱いていたであろう思いのすべてがピアニシモの音の数珠となり、指先から岩水のようにこぼれ出す。

小さなオーケストラと屈託のないアンサンブルを満喫し、生徒との即興の連弾にも笑顔で興じた。

コンクールでの入賞はかなわなかったが、この日の彼は誰よりも、そばにいる人の心を繊細に察し、喜びも苦しみもわがものとするショパンの精神に連なっていた。

ステージ上で高校生らに向けて語りかける角野隼斗さん=11月12日、神戸市灘区の六甲学院

角野隼斗×かてぃんさんに 聞いてみよう

Q

極めてオリジナルな存在です。自由と引き換えに、孤独やしんどさを感じることはないですか？

A

実は、ショパン・コンクールのときまでは、自分が歩んできた道（クラシック、ジャズ、ポップス、全てのジャンルに関わりながら、いずれのカテゴリーにも属していない）が「普通じゃない」なんて、考えたこともなかったんです。でも、コンクールのあと、それが顕在化してしまいました。

「常識を破る人」みたいに言われることも多いですが、僕はただ、複数の世界の常識に従っているだけなんです。**いろんな世界を生きられる人生の方が絶対、面白いじゃないですか。**

Q

改めて振り返って、ショパン・コンクールはどういう経験でしたか？

A

葛藤の連続でした。クラシック以外のいろんな音楽もやってきた分、知らず知らずのうちに、混じってはいけない要素が自分の音楽に混じってしまっているんじゃないかとか、本当に僕がここでショパンを弾いていいのかとかいろんなことを考えてしまって、怖くて不安でたまらなかった。

でも一方で、**僕は垣根がないからこそ生まれる音楽をやろうとしている人間です。そんな僕の音楽をショパン・コンクールという大きな舞台で示してみたいという思いもありました。**

Q

そもそも、音大ではなく東大に行こうと思ったのはなぜなんでしょうか？

A

東大にも、やりたいことがいっぱいあったからです。僕は音楽と同じくらい数学も好きだったから。

ただ、行儀のいいクラシックに対する微妙な距離感は確かにありました。中学、高校の頃はハードロックに憧れ、アレンジしてピアノで弾いたものを動画サイトに投稿したりしていました。

このままピアノが単なる趣味に終わってしまうのでは……と思うとすごく不安でしたが、それ以上に、音大に行って一日中練習ばかりしている自分がイメージできなかったんです。

Q

ピアノと勉強の両立は、どうやって？

A

よく聞かれるのですが、両立しようと思ったことなど、実は一度もなくて。そのつど好きなことにとことん集中してきた結果、今の僕があるという感じです。

ピアノを弾いていたいときはずーっとピアノを弾いている。研究ばっかりやっている時期もある。

時間を忘れ、やりたいことをやりたいだけやり抜いてみる。効率なんて考えない。あえていえば、これが「両立」の秘訣なのかもしれません。

鍵盤に囲まれた自身の王国で、時空を超えて様々な作曲家たちの心と直接たわむれる

Q

現代音楽の最先端であるフランス国立音響音楽研究所（IRCAM）に留学したきっかけは？

A

大学院の時にAI（人工知能）全般を扱う研究室に所属したのですが、当時はAIといえば画像認識という時代で、僕みたいに音の研究をしている人が他にいなかったんです。

そしたら担当教授が、音に興味があるのならIRCAMに行ってみたらどうだ、と助言してくれて。

その時は、IRCAMがフランス政府の肝煎りでピエール・ブーレーズによって組織された機関だということも、あの野平一郎（作曲家・ピアニスト）さんが学んだ場所だということも、何も知りませんでした。


ここが気になる!

IRCAMってどんなところ?

IRCAM（フランス国立音響音楽研究所）とはパリにあるコンピュータ音楽に関する研究、制作、教育を行う機関。音楽と科学技術によるイノベーションを目的に掲げ、実験的な創作活動に特徴がある。優れた音楽家を多数輩出し、日本では音楽家・野平一郎氏などがいる。野平氏は現在も、ピアノ・作曲・指揮・プロデュースなど多方面で活躍している。

Q インスタグラムでのライブ配信や公演が続き、休みがなさそうですが。

ですね。でも、**忙しいという状態は自分を消費するだけで最悪なので、音楽以外の世界のインプットを意識的にするようにしています。**最近では坂口安吾の「日本文化私観」にすごくインスパイアされました。美しさは意識して生み出すものじゃない、っていう彼の感性が、今の僕にはすごく刺さる。

僕自身がショパンに対して感じていた「美しさ」というもの、つまり、何も手が加えられていないものに対して感じる美しさを、明確に言語化してくれたと思いました。

Q 角野隼斗さんと、かてぃんさん。違いはあるんでしょうか？

A

意識的に使い分けてるわけじゃないんです。

僕はいつでもバランスをとっていたい人間みたいで、シリアスになりすぎるともうちょっとふざけろよと思うし、遊んでばっかりいるともうちょいマジメにやれよと思う。どちらかに偏りそうになると、もうひとりの自分が出てくる。

二つの相反する意見が自分の中に生まれ、それらを中和しようとするはたらきが自然に起こる。角野隼斗とかてぃん、この2人がいるからこそ、僕は自分の中でバランスをとりながら、僕なりのオリジナリティーを追求していけるんだと思います。

新聞掲載：2021年12月25日

Column もっとくわしく知りたい！

リアルな現場の最前線

ピアノの世界的コンクールには どんなものがあるの？

特に有名なのは、「ショパン国際ピアノコンクール」（ポーランド）、「エリザベート王妃国際音楽コンクール」（ベルギー）、「チャイコフスキー国際コンクール」（ロシア）。世界三大ピアノコンクールと呼ばれ、入賞すると世界的な活躍が約束されていることから、若い音楽家の登竜門とされている。

日本では、「浜松国際ピアノコンクール」が世界的にも有名で、このコンクールをモデルにした、作家・恩田陸『蜜蜂と遠雷』（幻冬舎）は直木賞を受賞。のちに映画化もされ、ピアニストが音楽コンクールに向き合う過程を切実に描き、話題になった。

ボーダーレスな
社会へ
3

違いへの理解と敬意があれば、壁はなくせる

渋谷区役所　ジェンダー平等推進担当課長
永田龍太郎

「透明人間」を見える存在に

「突然ですが、クイズです。私がどんな人か、答えてみてください」。講演で訪れた教室にちょうネクタイ姿で現れ、中学生に問いかける。「ユーチューバー」「ファッション系」。正解も、はずれも。一つひとつ解説し、自身がゲイであることを打ち明ける。「**自分の中にたくさんの側面があるのはみんなも同じ。色々な違いを持った人がともに暮らす社会が共生社会です**」。

人口の8～10％が性的少数者という調査があり、顔や名前を公表して活動する人も増えつつある。それでも国や自治体の管理職では珍しい。

渋谷パルコにあるミックスゲイバー「Ｃａｍｐｙ！ｂａｒ」で、後列左から女装パフォーマーのビビーさん、ブルボンヌさん、レディＪさんらと。「パフォーマーとして人々のジェンダーの固定観念を揺さぶる彼らからは刺激を受ける」＝東京都渋谷区

■性的指向に向き合う

ずっと、透明人間だった。どこにいても、自分の居場所と感じられない。

中学生のとき、自身の性的指向に気づいた。大人になって人生を謳歌する姿が描けなかった。方便を重ね、そつない人付き合いと距離の取り方がうまくなった。転機は35歳。転職で入った米衣料ブランドGAPの日本法人には、ゲイをオープンにしている同僚がいた。周りの接し方も自然。自分も、と親しい同僚からカミングアウトしていくと、体が軽くなった。透明な鎧が脱げた。仕事が楽しくなった。

ここが気になる！

性的指向ってどういう意味？

性的指向とは、どの性別の人に恋愛・性愛的に惹かれるか（または惹かれないか）という概念のことを指す。性的指向が同性に向く人をゲイまたはレズビアン（同性愛者）、異性に向く人はストレート（異性愛者）と呼ぶ。さらに、性的指向が両性に向く人（男性にも女性にも惹かれる）はバイセクシュアル、とそれぞれの傾向により名前が付けられている。

渋谷区への転職話が舞い込んだのは、2016年。同性カップルを婚姻に準じる関係と認める「パートナーシップ制度」が始まった直後のことだ。区が全国で初めて導入したが、啓発や具体的な施策はこれからだった。性的少数者を巡っては国の統計がなく、所管する部署もない。法制度や仕組みも未整備で、どうやって行政サービスを整えるか、模索する日々が始まった。

プロフィール

1975年 福岡市生まれ。久留米大学附設中・高で「伸び伸びとした学生生活を送った」。一方、地域は性別役割分業が色濃く残る環境で、上京を決意。「地縁、血縁を切り離し、自分らしい生き方を選択的に決めることでやっと息ができるようになる性的少数者は少なくない」。

★東京大学に進み先輩に誘われ弁論部に。

東京大学卒業時の永田龍太郎さん（右）

★「人に伝える仕事」に興味を持ち東急エージェンシーへ。CMクリエーターを希望したがマーケティング局に配属。データ分析や戦略作りに取り組む。

★ルイ・ヴィトンジャパンを経てギャップジャパンへ。社内外に向けたLGBTQ施策の立ち上げを率いる。背景をレインボーに変えたロゴを作り、世界各地のGAPが採用。2016年、「マーケティングの視点を生かして」という長谷部健 渋谷区長の誘いで行政へ。

まず、当事者にとっては、役所が遠い存在だった。乳房が残るトランスジェンダーの男性でも安心して乳がん検診を受けられるのか。制服のスカートがはけなくて不登校になっている子どもの存在は想定されているのか。「**いないのではなく、見えていないだけ**」。無意識のうちに排除している存在に気づく必要性を、職員に説いて回った。

地域の理解も課題だった。ある中小企業経営者は「見たことも会ったこともない。宇宙人の人権の話を

若手職員と会議で話す。「性的少数者のための事業を作るのが難しい場合は、手裏剣を打つかのように各部署の既存の事業に差し込んでいくアプローチが重要だと思います」＝渋谷区役所

聞かされているようだ」。

女性の権利向上を訴（うった）える住民は「行政資源（しげん）を横取りしないで」。区の広報紙で、区民の当事者の暮（く）らしぶりを紹介し、定期的に開く勉強会では男女平等と性的少数者の二つの視点（してん）が交差するテーマを選んだ。

当事者目線の取り組みを聞きたいと、講演の依頼や、企業や行政職員、議員の視察は年間50件を超（こ）えた。

客寄せパンダになる覚悟（かくご）で取り組んだ公務員の任期は、2022年の秋に終わった。**これから目指すのは、カミングアウトさえしなくていい社会。**「見えにくい違（ちが）いについての認識（にんしき）が深まり、その中の一つが性の多様性だと思ってくれたら」。

永田龍太郎さんに聞いてみよう

Q

課長の任期5年の間に取り組んだことは？

A

一つは、性的少数者の当事者の支援です。家族や友人に打ち明けられず、悩みを背負い込んでいる人が少なくない。電話相談に加えて、当事者と、その家族や友人向けのしゃべり場を定期的に開催、のべ50回、1200人以上のご参加がありました。

啓発事業にも力を入れました。地域の人向けには共生社会を考えてもらうワークショップを開催したり、連続講座を実施したり。職員や学校の先生、保育士に研修もしました。

これからは、**役所で待っているだけでは接点を持てない人へ、どのよ**

うにして支援などの情報を届けるかが大きな課題です。当事者の多くは差別や偏見を恐れ、地域に根差した暮らしができずにいます。地域とつながることはリスクなんです。大学や企業と連携することで孤立、孤独の中にある「見えていない」当事者に情報を届け、いざというときに渋谷区役所に頼ってもらえる状況を整えることを目指しました。

Q

企業や行政の取り組みを後押しするにあたって、意識したことは何ですか？

性的少数者を支援する必要性は認識しているものの、言動で傷つけてしまわないか、過度に不安を抱えている人が多いと感じました。とはいえ、慣れの部分も大きいと思います。例えば私は車椅子をうまく押せません。機会がなかったので、おっかなびっくりになってしまう。**子どもと違って慣れる機会を持たずに大人になってしまった人は、学ばない限りは残**

念ながら身につかないのです。

共生社会も一足飛びには実現できませんが、違いに対する理解と敬意があれば、壁はなくせるはず。

性的少数者の課題というと、同性婚などの制度やトランスジェンダーのトイレといったハードに目がいきがちですが、**最大の阻害要因は「よくわからない人」への恐れであり、人々の意識なのだと思います。**

学校の先生から「当事者の子どもたちを受け入れたい」という未来ごとのような言葉をよく聞きました。そうした子どもはこれからやってくるのではなく、過去にも

クラスにいたし、今もいるはず。今、この教室には、自分に見えていない「違い」が存在するという前提で、先生自身を含めたみんなの性の多様性を尊重し合おうと、前向きに捉えてもらえたらと願っています。

Q 自らが「客寄せパンダ」になることに葛藤は？

啓発資料を役所で配るだけでは全く足りません。とはいえ人的ネットワークもなく、どこに行っていいかわからず、途方に暮れました。自分が目立つことで、現状打開の緒を見つけようとしました。目立ちたくはなかったのですが、他に選択肢はないと諦めて、マーケティングの仕事をしてきた経験から、プッシュ（出向く）ではなくプル（引き寄せる）に戦略転換して、積極的にメディアの取材を受け、自らを道具として使う覚悟で割り切りました。

Q

「性的少数者と女性の生きづらさの根っこは同じで、両輪で取り組むべきだ」と話していますが、詳しく教えてください。

A

近年まで、日本では**「男女平等」という言葉が使われてきましたが、「ジェンダー平等」が世界標準。いわゆる「ストレート」の男女としてしまうと、取りこぼしている人が多くいるからです。**

レズビアンは同性愛者であり、女性であるという点でジェンダーは複層的であるにもかかわらず、いわゆる「ストレート」の男女二元論の考え方が強固で、性的少数者はかやの外です。ストレート女性であっても性的少数者であっても、生きづらさは社会におけるジェンダーのあり方に由来しています。構造の問題として取り組んで初めて、「多様な」女性が活躍できる社会になるのでは、と考えます。

Q 当事者として施策を進めてきました。同じような立場の人が後に続いてほしいと思いますか？

A

理解増進法（通称）はできたものの、国レベルで一元化された指針や指標はまだなく、自治体が取り組もうにも型がありません。過渡期の状況では属人的になりがちですが、当事者じゃないとできないものになってはいけないと思います。**障害者施策を進める人が必ずしも障害者である必要はないように、志があるなら誰でも取り組めるような状況にするべきです。**

そのためにも、渋谷区の取り組みをベンチマークにし、参考にしてもらえるようにしたい。そのバトンを渡すのが僕の役割だと思っています。この本を読んで目指す人が出てきたら、こんなに嬉しいことはありません。

Q

任期が終わった後はどのような人生を？

A

性的少数者に関心を持つ人はいまだごく一部。裾野がありません。

でも、社会を変えるには少数の理解者がいるだけではダメで、課題を広く知ってもらうことが必要です。民間ビジネスなら「見込み客」を優先することが「効率的」とされますが、人権啓発では、一番遠い無関心層に向き合わなければ、社会は変えられません。民間の仕事では得られない、貴重な学びの経験でした。

社会を変えるのは「これ大事だね」「フェアじゃないね」という気づきを基に、行動を起こす人たちを増やすこと。

日本ではまだ珍しい、民間と行政を行き来したキャリアならではの、社会課題の解決に貢献できたらと思っています。

新聞掲載：2021年5月1日

ボーダーレスな
社会へ
4

人生懸(か)け本気でやるか。みんな可能性がある

社会起業家、ボーダレス・ジャパン代表

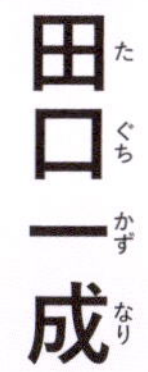

田口一成(たぐちかずなり)

事業はお金を稼ぐだけ、じゃない

事業でお金を稼ぎつつ社会課題の解決をめざすソーシャルビジネス。その起業を支援する。資金を出し、ビジネスプランなどを助言して黒字化まで伴走。起業を教える「アカデミー」も開講した。グループに51社を抱え、全体の年間売り上げは今や86億円に上る（２０２４年７月現在、２０２３年度実績）。

たとえばバングラデシュの首都ダッカにある革工場。託児所や学童クラブも備え、８００人以上が働く。障害者やシングルマザーら他では断られるような人たちばかりだ。貧困に苦しむ人々に雇用を生むのが狙いだが、バッグや財布などの製品はあくまで品質で勝負。日本国内で扱う店は19を数える。

循環型社会を目指し、家庭の生ごみを堆肥にしようとする会社。自然エネルギーを販売する電力事業、難民申請者を雇用するパソコン再生の会社もある。

広報や経理などの業務は事務局的役割のボーダレス・ジャパンが担い、バックアップ。起業した会社が年間を通じて利益を出せるようになると、余剰利益はグループ共通の「お財布」に入れる。

新会社やビジネスプランの承認は起業家である社長たちの会議で決

都市よりも自然、海が好き。今は故郷の福岡に住むが、「東京にいた頃も、葛西臨海公園の近くに住んでいました」＝横浜市西区

め、「お財布」から投資。「**『恩送りのエコシステム』**と呼んでいます」。

■集え有志、社会の大海原へ

原点は大学2年のとき。貧困に苦しむアフリカの子どもたちの映像を見た。「ものすごいショックを受けて。人生のテーマを見つけたと思いました」。

世界から貧困をなくそう。支援団体を回り**「ダイナミックで継続的な活動にはお金が必要」と聞く。ならばお金で活動を支えよう**、と決めた。

米国留学から帰国後、「勉強して3

国際青年会議所(JCI)主催のパネルディスカッションに参加する。右は小泉進次郎環境相。「最近は、講演もお断りすることがとても多いです」＝横浜市西区

年でやめる」と面接で公言して商社に入り、猛烈に働いた。そこで、ボーダレス社の副社長となる鈴木雅剛さんらとも出会う。

プロフィール

1980年 12月、福岡市で生まれ、育つ。地元の公立小学校の先生に「森に農薬をばらまいているから、ゴルフ場はダメだ」と教えられ、今もゴルフはしない。

1999年 早稲田大学入学。2年生のとき、貧困に苦しむアフリカの子どもの映像を見る。

2001年 ビジネスを学ぼうと米国の大学に留学。写真は留学後に寄ったフランスで。

田口一成さん、米国留学後に寄ったフランスにて

2004年 大学を卒業し商社のミスミに入社。2006年、退職して起業。

2008年 日本人と外国人が半々のシェアハウス、ボーダレスハウスの事業を始める。

2012年 自身の拠点を福岡に。2013年にバングラデシュで革工場開設。

2018年 起業を教えるボーダレスアカデミーを始める。

★家族は妻と息子2人、娘1人。趣味は釣りだが「最近は年に数回もできない」。

★好きな言葉は「清廉潔白」。

実際には2年で退職。不動産関連で起業し、売り上げの1％を寄付すると決めたが、1年休み無しで働いて、もうけは3千万円。30万円の寄付に、「これでは成果が小さすぎる」。

日本に住む外国人から「部屋を借りられない」と聞き、ひらめく。**「外国人と日本人がともに住むシェアハウスを作れば異文化交流ができる」**。人気を呼び、気づいた。「事業はお金を稼ぐだけじゃない。社会課題も解決できる」。ソーシャルビジネスとの出会いだった。

シェアハウスやバングラデシュの工場などを軌道に乗せると、起業家の育成に軸足を移す。「自分でやったら、一つの企業が回り始めるまで1年かかる。30年

ここが気になる！

シェアハウスってどんなところ？

シェアハウスとは、ひとつの家を複数人で共有（シェア）して暮らすこと。プライバシーが保てるように部屋は個別になっているが、キッチンやリビング、トイレやバスルームをみなで共有するのが一般的だ。共同生活をすることで家賃が抑えられる、防犯的に安心感があるというメリットがあるほか、入居者同士が仲良くなりやすく、「憩いの場」となる。

やっても30社。それでは遅すぎる。起業家を育成すればいい」。

年100社の起業が目標。「**世の中には小さな課題がたくさんある。そんな課題を解決する地域起業家が次々に生まれる社会にしたい**」。

田口一成さんに 聞いてみよう

Q ここまでには、何度か経営危機があったとか。

A シェアハウスを始めたところ、事業は調子がいいのに手元資金が尽きそうになって。必死で知り合いを回ってお金を借りたんですが、ある社員を解雇する、という条件をつけられました。

Q

借金はできたけれど、その代わり人を解雇？

A

はい、女性を1人。僕の人生の汚点です。僕の経営がまずかったために、彼女を犠牲にした。

フェアじゃない。以降、経営によりシビアになりました。今思えば、僕の覚悟が足りなかった。「それはできません。人は切らないけど貸してください」と泣いて土下座すれば、借金させてくれたと思う。

Q

覚悟、ですか？

A

はい、**起業家に何よりも必要なこと**だと思っています。**人生を懸けて**

本気でやる気があるのか。みんなに可能性があります。それを引き出せるかどうか。能力の問題じゃない。ビジネスプランはいくらでも作れます。

Q

起業した社長の一人は「ここまで信じてくれたら絶対に裏切れない。悲しませたくない」と。仲間を大切にしていますね。

A

僕は性善説です（笑）。僕らの組織は（レオ・レオーニの童話で、小さな魚が集まって大きな魚を作る）「スイミー」だと思ってます。一人ひとりが小さくても集まって生き生きと動き、社会の大海原に出てゆく。

Q

スピード感を何よりも大事にしているとか。

A

起業は基本的にキャッシュとのたたかいです。だらだらやる分だけ、お金はなくなっていきます。

時間をかけて計画したことは、人間なかなか修正したがらない。テンポよく仮説をたて、実験、検証を繰り返すことが大事です。「普通はこのくらい時間がかかります」と言われたら「それは『普通』でしょ。ここでは普通を捨ててください」と答えます。

Q

起業家のビジネスプランや製品はすべて田口さんがチェックしているのですか？

A

プランや製品のデザイン、マーケティングは長年の経験がものを言います。僕はぎりぎりの状況でビジネスの世界を生き延びてきましたから、あと一歩のこだわりや作り込みが違う。教科書には載っていないことです。たとえば、堆肥を作る家庭用コンポストのロゴマーク。ごく小さなものですが、当初の案は黄色でした。最初はきれいでも、日々日光を浴びたらどうなるか。結局、濃緑にしました。

Q

田口さんがいないと成り立ちませんね。

A

僕がいなくても回るシステムを作らなければなりません。今後はメディアへの露出も減らします。これ以上僕が出ると、ボーダレス・ジャパン＝田口になってしまう。

年間100社の起業を、2025年には自分なしでもできるようにします。僕はそこからは、地方政治家の育成をしたいと思っています。

Q

政界に進出を？

A

自分が政治家になるつもりは全くありません。**何度か地方議会に接する機会があって、民主主義が機能していないと思いました。**

僕は理不尽なことが許せないという厄介な人間なので（笑）、地方議会に本当に志のある、社会のために働く人材を送り込む仕組みを作りたい。

それが、日本を良くすることだと思っています。

Q

新しい仕組みの構想も持っているとか。

A

まだ計画中ですが、社会起業家を資金面で支援するための新たな仕組みを半年以内に始めたい。ボーダレスグループ以外の起業家も対象にして、事業の成長を後押し(あとお)ししたいのです。

いずれはソーシャルビジネスだけに融資(ゆうし)する銀行を作りたいと思っています。起業家の役に立つだけでなく、人々が銀行に預金するだけで社会貢献(こうけん)ができるようになります。

Q

2024年に福岡に本社移転したのは、なぜ?

A

2012年に、故郷福岡へ戻りました。海や緑、自然が好きだから。そして、2024年1月に本社を移転しました。社会が地方に注目しています。リトル東京ではなく、福岡を「ソーシャルグッドな街」にしようと議論している最中です。

Q

ほかにも周囲の変化を感じますか？

A

大企業だけでなく、「役に立ちたい」という問い合わせがとても増えてきました。そういう人同士を紹介したら、頼んでもいないのにチームを組んで、2020年に立ち上げた自然エネルギーを販売する電力事業、ハチドリ電力のマーケティングプランを作ってくれました。いわば「勝手プロボノ（専門家によるボランティア）」もいれば、社員になってくれるプロフェッショナルも増えてきました。

Q 起業を教えるアカデミーも人気だそうですね。

A 参加者は増えています。そして、3人に1人が実際に起業しているということ。解決したい社会課題はさまざまですが、みんな真剣そのものです。自治体や行政機関との共創も増えています。

 新聞掲載：2020年12月12日

貧困率ってどうやって計算しているの？

「貧困率」とは低所得者の割合や経済格差を示す指標。とくに先進国では可処分所得が国民の中央値の半分に満たない人の割合を指す「相対的貧困率」が重視される。

「可処分所得」とは、収入から税金や社会保険料を引いた金額で、言わば自由に使えるお金。可処分所得が多いほど、衣食住や余暇に使えるお金が増え、豊かさにつながる。

この数字は景気の影響も受けやすく、近年の日本の貧困率は緩やかに上昇中。高齢化社会による社会保険料の負担増も一因だ。ちなみに2021年の日本の貧困率は15.4%、アメリカは15.1%、2020年の英国は11.2%。数字が大きいほど貧困率が高いことを意味する。

ボーダーレスな社会へ 5

女性リーダーよ、前へ

フィッシュファミリー財団創設者
厚子・東光・フィッシュ

女性リーダーよ、前へ

米国ボストンに住み、日本の女性のリーダーシップ育成プログラム「Japanese Women's Leadership Initiative」（ＪＷＬＩ）を２００３年から行っている。

コロナ禍が深刻な時期を除き、**毎年数人の女性を公募してボストンに招く。1カ月間、ＮＰＯや大学でリーダーシップを学び、社会での自分の役割を考えさせる。**「大丈夫、あなたならできる」と励まし、背を押す。ＮＰＯリーダーを中心に、幅広い層の女性たちが参加してきた。

東京生まれ。外交官だった父は第2次世界大戦中に公務で乗っていた船が米潜水艦に沈められ殉職、記憶はない。

母は得意の英語を生かして連合国軍総司令部（GHQ）の国税調査官などとして働き、2人姉妹を育てた。自身も世界を見たいと英語を学び、キャリアを積む。37歳で米国人銀行家のラリー・フィッシュさんと結婚した。

■国際会議で質問が殺到！

夫は成功し、富を社会に還元したいと1999年に社会貢献をするためフィッシュファミリー財団を2人で設立。ボストンの移民・難民や

「JWLI Bootcamp」の卒業式で参加者とハグを交わす。感極まって泣く人も多い。彼女に背中を押されて、改めて前に一歩、踏み出す＝徳島市

若者の支援を行う。並行して途上国援助を行っている米国NGOに勤め、アフリカの女性支援などに取り組む。

2000年、日本での「アジアの女性の自立と健康」がテーマの国際会議に招かれた。講演後、質問が殺到。「女性をめぐる状況は日本はアジアの他国以上に変化していない。どうしたら?」「アフリカだけでなく日本の女性の状況も変えて」……。悲鳴のようだった。「がくぜんとしたけれど、機会かもしれない、とも。何かプログラムをしたら役立つかもしれない」。

JWLIを始めた。東日本大震災があった2011年には約1億円の寄付金を集め、1週間後に被災地に足を運び届けた。2013年に米国ホワイトハウスから女性支援への功績が認められ「チャンピオン・オ

ここが気になる!

チャンピオン・オブ・チェンジ賞とは?

2013年、オバマ米大統領（当時）の発案で創設された、地域社会の問題に対する社会貢献活動に尽力する市民に贈られる賞だ。受賞者の一人である、厚子・東光・フィッシュさんはその日本大賞を創設。女性のちからで誰もが安心して平等に暮らせる豊かな社会をめざし、勇気を持って行動を起こす「草の根の女性リーダー」を讃えている。

ブ・チェンジ賞」を受賞すると、日本で地域に根ざし活動する女性に光をあてたいと「チャンピオン・オブ・チェンジ日本大賞（CCJA）」を始めた。

近年はさらに活動が加速する。英語が壁となりボストンでの参加をためらう人に、日本で3日間のプログラムを行う「JWLI Bootcamp」を

プロフィール

1943年 現在の東京都文京区生まれ。2人姉妹の妹。父は外交官だったが、1945年に乗っていた緑十字船「阿波丸」が米潜水艦に撃沈され殉職。英語ができた母はGHQなどで働く。青山学院大学卒業後、在日米国商工会議所などに勤務。

★ボストン銀行日本支店長のラリー・フィッシュさんと結婚。1999年にフィッシュファミリー財団を夫と創設。2003年に「Japanese Women's Leadership Initiative」(JWLI) 開始。2013年に米国ホワイトハウスから「チャンピオン・オブ・チェンジ賞」を受賞。2017年、チャンピオン・オブ・チェンジ日本大賞（CCJA）を設立。

結婚式で。左は夫のラリー・フィッシュさん＝厚子・東光・フィッシュさん提供

★東日本大震災被災者支援と日本の女性NPOリーダー育成の功績で旭日小綬章を受章。2019年に「JWLI Bootcamp」、2021年に「JWLI Scholarship」を始めた。

２０１９年に始め、石巻や徳島などで実施してきた。２０２１年には日本に住む移民・難民の背景を持つ女性に高等教育の機会を提供しようと「ＪＷＬＩ Ｓｃｈｏｌａｒｓｈｉｐ」を設立。大学の学費や生活費を提供する。

ＪＷＬＩ、ＣＣＪＡ、ＪＷＬＩ Ｂｏｏｔｃａｍｐ……。修了生や受賞者の合計は２００人に届きそうだ（２０２４年７月現在）。「彼女たちが日本の社会変革を引っ張っていってほしい」。

2019年以来3年ぶりに日本を訪れ、徳島で行われた3日間の合宿形式のリーダーシップ研修「JWLI Bootcamp」に参加。プログラムでは自分も参加者に交じり、失敗談なども率直に話す。終了後に参加者や講師たちと（前列中央）

厚子・東光・フィッシュさんに 聞いてみよう

Q 大学卒業後に在日米国商工会議所で働くなど、当時としては珍しい「キャリアウーマン」でしたよね。

A 母の影響が大きいですね。物心ついたときに父はおらず、スーツを着てハイヒールをはき、手袋をしてさっそうと歩く姿がかっこよくてね。私もああなりたいと。

Q

生活は決して楽ではなかった？

A

東京教育大学附属小学校（現・筑波大学附属小学校）に入ったけれど、入学式に制服を用意できなかった。集合写真は私だけ制服ではありません。

母が用意してくれた代わりの洋服を「こんなの着るの恥ずかしい」と泣いたら、母は「**恥ずかしいというのはうそをついたり、ものを盗んだり、与えられた能力を使わなかったりすること。お金がないのは恥ずかしいことではない**」ときっぱり言いました。

Q

運動が得意だったとか。

A

附属中時代にテニスで全国優勝し、大学はスポーツ推薦。練習のラケットや靴は通訳やガイドのバイトで稼ぎました。きちんと働いて自立したかった。

Q

結婚も37歳と、当時としては遅いほうですよね？

A

世界を見たくて、結婚には興味がなかったのです。仕事をしてヨーロッパや中東、世界を旅しました。

お見合いでは「外国に行って英語をしゃべるようなお嬢さんは困る」と断られて（笑）。

Q

社会貢献はもともと夫のラリーさんが熱心だったそうですね。

A

結婚したときに「給料の10分の1は寄付する」と言われました。彼はユダヤ人で、助け合いの精神が根付いているんです。

結婚して香港に赴任したときに、ベトナム難民の収容所にボランティアに行こうと言われ、週末に通いました。すえた臭いにあばら骨の浮き出た子どもたち。衝撃を受けました。

Q

米国のマサチューセッツ州で職を得たんですよね？

A

仕事をしたかったけれど、どこも雇ってくれない。私の強みは何？と考えたとき、日本人だと。
80年代で日本経済も良かったのです。ビジネスや観光、文化で日本との窓口を作るべきだと知事に手紙を書き、雇用してもらえました。夫の転勤まで5年間働きました。

Q

その後、ボストンに戻って、途上国支援のNGOで働いたのは、なぜ？

知り合いの心臓外科医が、「僕の使命は子どもを助けること。ボストンだと1週間に十数人しか助けられない。アフリカだと1日100人助けられるんだよ」と目を輝かせて話してくれたことに心を動かされました。
私の夫は銀行家です。夫のサポートのために、毎晩パーティーに出る日々。何千万ドル稼ぐことにぎらぎらしている人々に囲まれ、こういう世界もある、こんな喜びもあるのだと心に響きました。

Q なぜ、NGOのアフリカの支援現場にも行かれたのですか？

A 当時蔓延していたHIV感染を予防するため、女性たちに立ち上がってもらおうと。村を訪ねて女性に集まってもらい、コンドームを使ってと話すんです。

最初は恥ずかしがっていた女性が、一度納得すると率先して他の村で集会を開き、周囲に声をかけ、夫を説得し、積極的になる。**女性が変わると社会が変わるのを目の当たりにしました。**

Q そんなときに、日本女性たちの現状を知ったのですね。

A

私が日本を出た20年前と何も変わってない、日本の女性がリーダーになれないことに驚（おどろ）きました。でもだからこそ、何かできると思ったんです。大好きな日本のために、何かをしたかった。

Q

今では毎回多くの応募（おうぼ）がありますが、始めた当初は苦労も多かったとか。

A

「こういうプログラムを始めたい」とあちこちの団体を歩きましたが、うさんくさがられてね（笑）。

Q

NPOのリーダーに会い、仲間たちと話し合う。じっくり内省する時間は貴重（きちょう）ですね。

A

自分が社会に何ができるかを真剣に話し合います。JWLIもBootcampも、終わる頃にはみんな高揚し、生き生きとした表情になり、泣く人もいます。

参加者はNPOのリーダーが多いですが、日本でNPOを続けるのは大変です。**彼女たちがこれまでを振り返って、自分は間違っていない、これでいいんだと自信を得る。そうやって変わる女性たちを見る時、生きていてよかったと思います。**

私は場を作って、彼女たちの後ろに立っているだけです。

ここが気になる！

女性の社会進出率が高い国はどこ？

女性の社会進出率の高さを測る指標のひとつに、「ジェンダーギャップ指数(Gender Gap Index：GGI)」がある。順位が高いほど男女格差が少ないことを意味し、世界1位はアイスランド、2位はフィンランド、3位はノルウェーと北欧諸国がトップ3を独占。とくにアイスランドは15年連続1位になっており、女性の首相も輩出している。

Q

最近の活動は加速しています。コロナ禍では3千万円の緊急支援を修了生のNPOに行い、JWLI Scholarship（奨学金）も開始しましたよね。

A

日本は難民や移民が生きづらい国です。ボストンでも移民の支援をしていますが、日本で頑張る移民・難民ルーツの女性たちも応援したいと思いました。

今、大学・専門学校へ通う女性たちに奨学金を授与していますが、官民が連携して、ウクライナ避難民を積極的に受け入れている佐賀県の取り組みも支援しました。今、女性が全国の地域社会をリードしています。

女性リーダーよ、前へ！

新聞掲載：2022年9月24日

Column もっとくわしく知りたい！

リアルな現場の最前線

女性の地位向上がわかる!?
ジェンダーギャップって何？

もう少し詳しくジェンダーギャップ指数を見てみよう。これは世界経済フォーラムが経済、教育、健康、政治の分野ごとに算出しており、146か国を対象に「男女平等に関する状況を数値化」している。0＝完全なジェンダー不平等、1＝完全なジェンダー平等を意味し、数値が1に近いほど性別間における格差が小さいことを表している。ちなみに世界1位のアイスランドは0.935、118位の日本は0.663（2024年）。なお、分野別の順位で比較すると、日本は教育で72位、健康で58位。政治と経済の分野で著しく低い数値であることがわかる。

障害者(しょうがいしゃ)へのひと言の声かけで社会は変わる

車椅子(くるまいす)インフルエンサー
中嶋涼子(なかじまりょうこ)

ぎこちない壁、なくしたい

腹部から下半身がまひしていて車椅子で過ごすリアルな生活を、動画サイトのユーチューブやSNSで赤裸々に発信している。

なかでも反響を呼んだのが、排泄のやり方を実演した動画だ。まひのため自力では排便ができない。下剤を飲み、翌日摘便（肛門に指を入れ便をかき出すこと）、丸1日トイレで便が出るのを待つ。この週2回の排便日を「UD（ウンコデー）」と呼ぶ。ベッドに便を漏らした失敗談も隠さない。動画は70万回以上再生されている（2024年7月現在）。

車椅子の前輪上げが得意。ライダーズジャケットとブーツで、かっこよく車椅子を乗りこなす
＝東京都渋谷区

9歳のとき、突然歩けなくなり、脊髄が炎症を起こす「横断性脊髄炎」と診断された。車椅子生活になり、排泄障害のことも周囲に言えず、外に出ても周囲の視線が気になる。

そんな小学生のときに映画館で見た映画「タイタニック」に感動した。自分も勇気を与える映画を作りたいという夢ができた。

■夢はかなった、なのに生きづらい

高校卒業後、映画制作を学ぶために留学した米国では、街中ですれ違った見知らぬ人が「なんで車椅子なの？」「何か手伝おうか？」「その車椅子かっこいいね」などと気軽に声をかけ、手助けしてくれる。**障害を忘れるほどの生きやすさを感じた。「これが心のバリア**

ここが気になる！

バリアフリーってどういう意味？

バリアフリーはもとは建築用語で「障壁（バリア）」を「のぞく（フリー）」の意。転じて、障害を抱えている人が生活の中で感じる不便をなくすことを意味する。また、障害の有無にかかわらず、すべての人が生活しやすい社会のために、何がバリアになっているのか？　解消するために何ができるか？　を考えていくことを「心のバリアフリー」と言う。

フリーだ」と。

帰国後、タイタニックを制作した映画配給会社の日本法人で編集職に就いた。

だが、夢をかなえたのに、毎日が生きづらい。通勤のとき、駅のエレベーターは満員で乗れず、車椅子が誤って人にあたると怒鳴られる。

プロフィール

1986年 東京都大田区生まれ。9歳のとき、突然歩けなくなり、車椅子を使うように。「横断性脊髄炎」と診断される。

車椅子を使う前、歩くことができていた幼少期の中嶋涼子さん＝本人提供

2005年 高校卒業後に渡米。語学学校を経て、2011年、南カリフォルニア大学映画学部を卒業。

2012年 帰国。アニメーション制作会社を経て、2016年、FOXネットワークス（当時）で編集の仕事に就く。並行して、車椅子3人組ユニット（後に「BEYOND GIRLS」）のメンバーとしてライブ活動を行う。

2017年 退社。2020年に東京オリ・パラのホストタウンアドバイザーに就任し、ホストタウンの福島県猪苗代町などで講演会をした。2021年には東京パラの聖火ランナーを務め、閉会式に参加した。

★ユーチューブ制作、テレビ出演、モデル、俳優、講演など幅広く活動する。

同僚に「休日に何をした？」と聞かれ「ウンコをしていた」とは言えず「寝ていました」と答えてしまう。壁を感じた。

障害がある自分がつらい。社会が障害をつくっている。

そう嘆いていた頃、出会いがあった。進行性の病気を抱えながら働き、シンガー・ソングライターとして活躍する女性のことを知り、難病でつらいはずなのに輝いて見えた。彼女に誘われ、車椅子3人組ユニットを組み、音楽や講演活動を始め

ユーチューブ撮影で、映画「ファーストミッション」の出演者と映画撮影時のエピソードを語り合った＝東京·池袋

た。発信に楽しみや生きがいを感じ、活動に専念するため31歳で退社した。

「車椅子をかっこよく、ポジティブなイメージにしたい」。1人での活動を増やし、全国約50カ所で講演してきた。

Eテレの番組などに出演し、モデルや俳優にも挑戦する。ネット配信ドラマでは車椅子での生活をコミカルに演じる。動画では、恋愛話やスキューバダイビングへの挑戦なども全力で明るく伝える。

「UDで寝ていないですよ」「お疲れ」みたいな会話が生まれたら、お互いに気持ちいい。そういう社会の姿をめざす。

「車椅子の人と触れ合ってもらうことで、障害者とどう接したらいいのかと戸惑う、ぎこちない壁をなくしたい」。

中嶋涼子さんに聞いてみよう

Q

排尿や排泄障害を配信しようと思ったきっかけは何でしょうか？

A

ＮＨＫのＥテレで、尿漏れの話をしました。尿取りパッドの臭いを嗅いで尿漏れを確認する動作をしたらウケました。視聴者から「私もやります」と共感してもらい、うれしかった。最初は話していいのかと思いましたが、言ったら恥ずかしさがなくなりました。

Q

それまでは排泄障害を周囲にも隠していたそうですね。

A

小学校のとき、尿取りパッドを「ナプキン」だとうそをつきました。漏らしたときは「水がこぼれた」と。うそをつくのがつらく、友達との壁を感じました。

会社員時代も、会社のトップの人には伝えましたが、同僚には恥ずかしくて言えませんでした。仕事に集中するとトイレに行くのを忘れて尿が漏れてしまい、トイレで着替えたこともありました。先輩からは「遅い」と怒られました。

でも、事情を言えず、すごく悔しかった。それで、お互い壁ができてしまったんです。

UDを失敗して、翌日に急に会社を休むと、私が担当するドラマの編集が止まり、先輩に迷惑をかけたこともありました。誰も責められず、障害者だから仕方ないよね、という感じになり、気まずかったですね。

Q 講演活動を始めたきっかけは？

A 米国では心のバリアフリーだけでなく環境面でもバリアフリーが進み、どこに行ってもエレベーターやスロープがあり、車椅子で男女別のトイレにも入れました。

米国から戻り、また障害がある自分がつらいと思いました。社会が障害をつくっていると思いました。

車椅子3人組ユニット「BEYOND GIRLS」のメンバーとして歌っ

て踊るライブ活動をし、毎週「どうやって社会を変える?」と話しました。

1年ほどしてプロ意識が芽生えたのですが、私は歌もダンスも好きじゃない。活動を通じ、話すことの楽しさを知ったので、障害者のリアルな話を面白く伝えることで、社会を変えられる気がしました。

少しずつ1人での活動を始めました。乙武洋匡さんに相談し、サポートしてもらい、初めての単独講演会をすることができました。講演をやりたいといろんな人に伝え、依頼が増えました。夢を伝えると、つながると感じました。

東京パラリンピックの閉会式に参加した頃の中嶋涼子さん(左)=本人提供

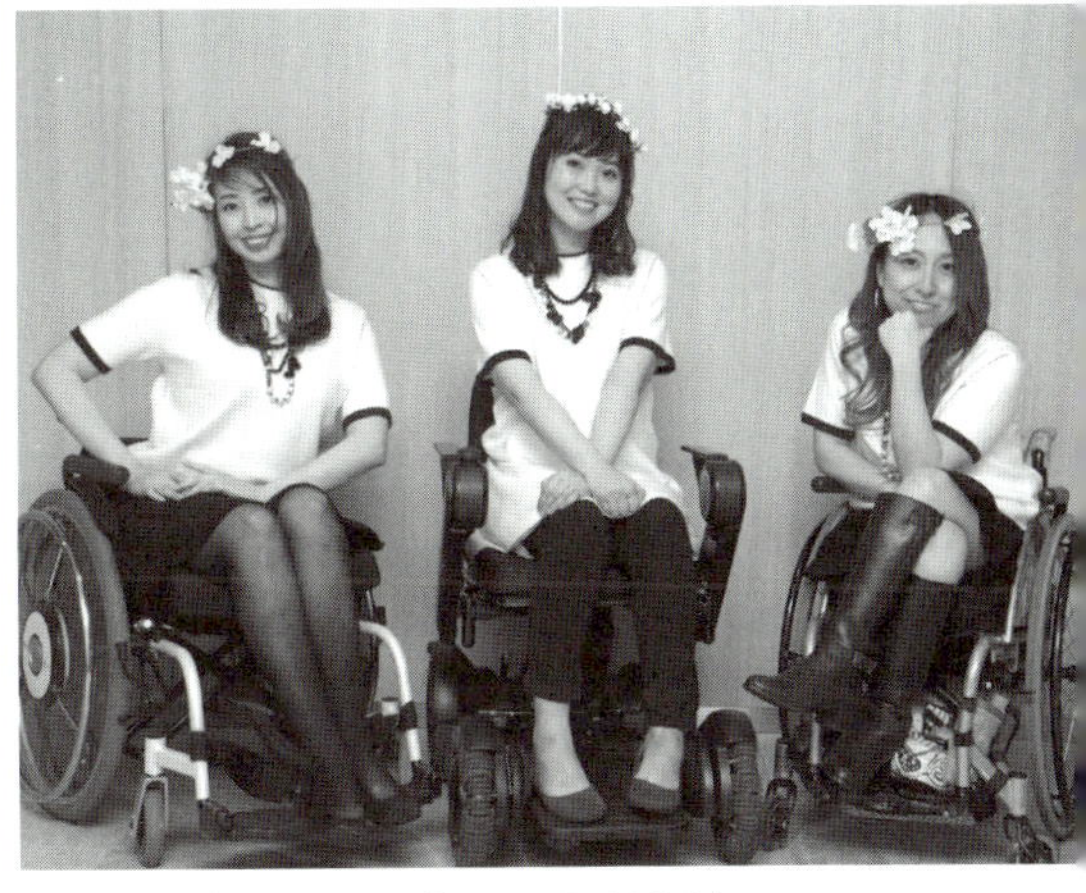

車椅子3人組ユニット「BEYOND GIRLS」。右が中嶋涼子さん

Q

講演で伝えていることは何でしょうか？

A

「一歩踏み出して。環境を変えることで、すごく人生が変わるから、一歩踏み出して」「街中でのたったひと言の声かけで、社会は変わる」と伝えています。

初めて車椅子で外に出たとき、いろんな人が私を見て、助けたいのに「声をかけていいのかな」とそわそわしていたんです。

手伝いたいと思ったときは声をかけてほしい。そのひと言で社会は絶対によくなるし、誰もが住みやすい国をつくれると思います。

Q
アマゾン・プライム・ビデオで配信中の主演ドラマ「カイルとリョーコ」では、外国人のカイルと車椅子のリョーコの同居生活をコミカルに描いていますよね。

A
車椅子で困(こま)っていることなど、私の経験が入っています。足で踏(ふ)んでふたを開けるゴミ箱を踏めないので、カイルが踏んでくれたり、カイルが私をだっこして床(ゆか)に座(すわ)らせてくれたりと、さりげなく入っています。

Q
第1話で、リョーコがマッチングアプリで出会った人との初デートの前に車椅子だと言わずに会い、うまくいきませんでした。その意図は?

A
私は会う前に伝えますが、車椅子だと伝えると、急に連絡(れんらく)が途切(とぎ)れる人や「車椅子無理だわ。ごめん」という人、全然気にしない人もいました。気に入った人には言ったら嫌われないかな、と思うこともありました。ドラマにあるように、初デートでのエレベーター待ちは気まずいです。

Q

映画「ファーストミッション」にも出演しましたよね。

A

撮影前、監督に排泄障害については言っていませんでした。後から伝えて、撮影日を再調整してもらったんです。休憩時間が短いとトイレに行けない、ということも言えず、自分から言わないとダメだと、改めて思いました。プライベートでは、排泄のことを言えないんです。脚は骨粗鬆症になっているので、車椅子でのカーチェイスで木にぶつかったときは、骨折を心配しました。スピードが出たので怖かったですが、やりきった自分を褒めたいです。

Q

目標は何ですか？

A

障害者を身近に感じてもらえるくらい、誰もが知る障害者になりたいです。急に障害者になった人に「人生、楽しいよ」と言っても信じてもらえない。動画では、バリアフリーツアーや、海に行く様子をアップしています。

楽しそうな映像を見るだけで「こんなこともできるんだ」と思ってもらえれば。健常者にも、障害者を身近に感じるきっかけになったらいいと思います。知ることで壁（かべ）が壊（こわ）れると思うので、伝え続けたいです。

健常者も障害者もみんな同じ人。人はみんなそれぞれ違うし、障害者だからといってみんな同じなわけではないのです。

障害者としてではなく、同じ人として接してもらえたら、嬉しいです。

新聞掲載：2022年5月28日

Column もっとくわしく知りたい！

リアルな現場の最前線

車椅子の人にどんな声かけ、お手伝いをするといいの？

目の前に困っている人がいるのに、どう手を差し伸べればよいのか迷ってしまうこともあるだろう。そんなときは、「何か手伝うことはありますか？」の一言が役に立つ。そのうえで、「今から押します」「止まります」などと、これから起こす動作について声に出してあげると、車椅子利用者も安心できるだろう。特にのぼり坂は車椅子を動かすのが大変だ。「押しましょうか？」の一言がすごく助かることを忘れないでおこう。またエレベーターに同乗する際は、「開」ボタンを押してドアを開ける手助けをしよう。そうすれば、車椅子利用者が安心して出入りができるはずだ。

ボーダーレスな社会へ
7

僕の活躍で、英語の辞書に『Zainichi』を

俳優
朴昭熙

在日として、ハリウッドで生きる

俳優としてハリウッドに拠点を移して10年。「絶対にやりたい」と強く思った米ドラマで、主要な役をオーディションで勝ち取った。動画配信サービス「アップルTV+」で配信開始された「パチンコ」だ。

在日コリアン4代を描き、オバマ元大統領も好きな本に挙げた米ベストセラー小説のドラマ化。映画「ミナリ」（2020年）でアカデミー助演女優賞のユン・ヨジョンさんを主役に起用した話題作で、その次男で在日2世のモーザスを演じる。米誌ハリウッド・リポーターは「力強い助演」と評した。

米国から一時帰国した2022年2月初め、大学時代によく通った東京・新大久保（しんおおくぼ）のコリアンタウンに立ち寄った。「韓流（ハンりゅう）ブームで本当に変わった。昔は雰囲気（ふんいき）が違い、まわりとは別世界のようでした」＝東京都新宿区

自身は在日3世。母方の祖母は主人公と同じ1930年代前半、日本植民地下の慶尚道から結婚で日本へ渡った1世だ。

撮影中、「韓国語なまりで日本語を話すヨジョンさんを見て、祖母を思い出し、泣いてしまいました」。

■多様な人がいる米国で競いたい

早稲田大学の卒業まぎわに俳優を志し、文学座研究生に。持ち前の響きある声量も生かし鍛錬、米著名演出家ロバート・アラン・アッカーマンさんの舞台や映画に抜擢された。

「在日として常にアウトサイダーだと感じてきたなか、外国人の前でオープンな気持ちになれて、

ここが気になる!

在日ってどういう意味なの?

広義では「日本にいること、とくに外国人が日本国内に滞在・居住すること」の意。とくに朝鮮をルーツに持つ人に対して使われる場合、日本の植民地支配によって日本に渡り、敗戦後も日本で生活するようになった朝鮮人とその子孫たちのことを意味する。過去とはいえ、国の政策により日本で暮らすことを余儀なくされているため、「在日」の人たちは外国籍でありながら「特別永住者」の資格を持っている。この「在日」の問題は戦後問題や歴史や民族の事情が絡み合い、複雑な様相を呈している。

奇跡的なパフォーマンスができた」。
だが本名のまま、芸能事務所の影響が強い映画やテレビへも活動を広げるにつれ、風当たりの強さを感じる。韓流ブームの風は在日には吹かず、ルーツを隠す在日俳優の一部に敬遠された。

プロフィール

1975年 新潟県上越市生まれ。3人きょうだいの長男で在日コリアン3世。在日コリアンの新聞「統一日報」の初期メンバーだった父、美容師の母のもと、千葉県市川市で育つ。

2歳の朴昭熙さん（右）。1歳の誕生日を迎えた妹と共に、両親が韓服を着せた＝1978年、千葉県市川市の自宅で

2000年 早稲田大学商学部を卒業後、劇作家の唐十郎氏主宰の劇団唐組を経て文学座の研究生に。2002年、米演出家ロバート・アラン・アッカーマン氏演出の舞台「BENT」の主役に抜擢される。舞台やテレビ、映画と活動を広げ、アッカーマン監督の映画「ラーメンガール」（2008年）や、濱口竜介監督のオファーで日韓合作映画「THE DEPTHS」（2010年）にも出演。

2004年 韓国留学。2005年には米NPO「アジアン・カルチュラル・カウンシル」の助成でニューヨークへ。米国永住権を取得し12年、拠点を米国に移す。ドラマなどに出演。2022年配信のアップルTV＋ドラマ「パチンコ」で主役ソンジャの次男、在日2世モーザスを演じる。

「多様な人がいる米国で競いたい」と2012年に本格的に移住。ところが思いがけない壁に直面する。

忠臣蔵を元にしたハリウッド映画「47RONIN」（2013年）への出演に手を挙げたら「侍は日本人じゃないとダメだ」と米国人に言われた。

ハリウッドには、日本語を全く話せない俳優を日本人役に起用し、批判を浴びた苦い過去がある。このため一時、日本人役に「オーセンティック・ジャパニーズ（本物の日本人）」と条件がつくことがあった。それこ

2019年8月、米アトランタ近郊でドラマの撮影に臨む。「仲良くなった俳優や監督には本名で呼んでもらってます。芸名との違いから在日の話になって盛り上がる。在日について伝える形になっています」＝本人提供

その差別的との批判から、その後は「日本語堪能」などに変わったが、在日の歴史や背景を知らない人が多い米国で、理解されない困難さに苦悶した。

悩み抜いた末に2016年、米国での芸名に日本風のソウジ・アライを使い始める。「在日」としての自分の特徴をここで知ってもらうには、これが一番だ――。

すると、日本人役を次々得られるようになり、流れができた。

「パチンコ」の撮影後に、新たなオーディションでつかんだ役は、オスカー俳優レイチェル・ワイズさん製作・主演の米ドラマで、韓国人役だった。日韓米の文化や言語を知る俳優として、「その特色を生かせる国際作品に出たい」と思い描く。

朴昭熙（パクソヒ）さんに聞いてみよう

Q 米ドラマ「パチンコ」のモーザス役を、どのように得たのでしょうか？

A アップルがドラマ化する、と2020年に米メディアが報じたのを見てすぐマネジャーに電話し、「これは自分の物語だから絶対にやりたい」「オーディションが始まったらすぐに連絡（れんらく）してほしい」と伝えました。

原作者の韓国系（かんこくけい）米国人ミン・ジン・リーさんは2007年から東京に一時住んだ際に、何十人もの在日コリアンに取材したんですが、僕も取材に応じた一人でした。小説が出た2017年、「完成したんだ！」と思いながら米国で読みました。

コロナ禍もあって、オーディションは自分で演技を撮影して送る「セルフテープ」方式でした。最初は自分と同じ在日3世の役で応募しましたが連絡がなく、諦めていたところへ、2世の役でテープを送ってほしいと連絡がありました。

大阪弁の場面もあり、急いで練習して撮って送ると、次は「韓国語のスピーチを送ってほしい」。1世だった亡きハルモニ（祖母）を主人公に重ねて熱く語りました。そのスピーチは後日、監督が褒めてくれました。

Q 撮影中、どんな場面が心に残りましたか？

A

主役のユン・ヨジョンさんが韓国語なまりで日本語のセリフを言うたびハルモニを思い出して泣けました。

ヨジョンさんからよく「日本語が下手だから教えてほしい」と言われ

ましたが、「それが在日のハルモニですよ」と伝えました。

■ハルモニを思う

韓国・釜山での撮影も印象に残ります。主人公の父の墓を探しに役所を訪ねる場面で、ヨジョンさんが韓国名と日本名を伝えると、職員が「あぁ、そちら（在日コリアン）の方ですか」。

次男を演じる僕は怒りを抑えながら職員を見る。原作にはないですが、在日への理解が十分でない韓国の状況を表していました。

母方の祖父は、行方不明の妹を捜して日本に渡った末に、新潟で古物商を営み、慶尚道から祖母を迎えて結婚しました。

中1のとき、祖母は亡くなりましたが、韓国語で話せなかったのが心残り。2004年に延世大学語学堂で学んだ韓国語で今、祖母と話せたらと思います。

Q

日本では本名で活動を続けてきましたね。

A

保育園に通い始めた頃に「新井昭熙」と名乗った数カ月を除いて、ずっと本名です。在日向け新聞「統一日報」で記者をしていた父のこだわりもありました。

学校でからかう級友もいたのは本当に嫌で、小中高は新学年を迎えるたび眠れず、初日は戦場に赴く気持ちでした。小学生の頃、自宅の玄関で「国へ帰れ」と書かれたはがきを見つけたこともありました。

在日の子どもたちが多く通う東京韓国学校なら、こんな思いをせずに済む、転校したい、と言ったこともあります。

でも父は「ダメだ。日本で生まれ育った在日として堂々と日本の学校に行け。日本もそれを受け入れるようになればいい」。

俳優になっても本名で活動しましたが、ルーツを隠している在日俳優の一部から無視されたりしました。自分もそうと知られるのを恐れたのかもしれません。

Q

渡米したときは、ハリウッドでアジア系登用が増える前だったこともあり、苦労の連続でしたか？

A

日本だと芸能事務所がらみで有名人しかやらないような映画やドラマ、CMもオーディションで決

まりますし、日本よりはフェアだと思いました。だから日韓どの役もやれる独自のキャリアを築けるかと思っていたのに、「ソヒ・パク」だと日本人役のオーディションがなかなか受けられず、本当に衝撃でした。
「自分で企画するしかない」と2014年、同じように感じる日本などアジア系に声をかけて俳優集団「ザ・ガレージ」を主宰し、2016年に舞台を公演して大成功となりましたが、悩みは続きました。

Q 米国で芸名ソウジ・アライを名乗り始めたのは意外でした。なぜですか？

A 僕のアイデンティティーは「在米の在日コリアン」。日本で生まれ育ち、得意な言語も日本語です。**在日のことが知られていない米国では、それがなかなか伝わらない。**
本名に誇りがあるだけに、かなり迷いましたが、通名を「在日の文化」

ととらえ、姓は父方の通名・新井から、名は米国でソヒをソウジとよく言い間違えられることから取って、まずは実験的に名乗りました。

するとネットフリックスの人気ドラマ「コブラ会」をはじめ日本人役が次々取れるようになったんです。同時に無理にもがくのもやめ、大きな波を待つ姿勢に切り替えたら、精神的にも楽になりました。

本名もあっけらかんと語ることで、ルーツを隠す俳優がまだ多い日本向けのアンチテーゼにもなれば、と思っています。

今回の「パチンコ」で、在日が世界に知られるようになればと思います。

さらには僕が活躍することで、英語の辞書に「Zainichi」という単語が載るようになるのが夢ですね。

ボーダーレスな社会へ

8

変えるしかない。楽しいから続けられる

新外交イニシアティブ（ND）代表・弁護士

猿田佐世（さるたさよ）

独自の外交を切りひらく

「**今必要なのは、戦争を起こさないための外交です**」。軍事力が抜本的に増強されるなか、「戦争回避」を訴え、講演で国内各地を飛び回る。

夏にはワシントンへ行く予定だ。コロナ前は毎年3、4回、渡米した。米軍基地、安全保障、原発などについて、米政府や議会に働きかけを行い、既存の外交ルートには乗らない日本の多様な声をワシントンに届けてきた。

米議会関係者との面談は600回近い。2013年にはシンクタンク「新外交イニシアティブ（ND）」を立ち上げ、具体的な政策提言を行い、調査・

訪米時には巧(たく)みな英語で交渉、議論する。社会人になるまで留学したことはなかったが「話し好き、人好き」を生かして、自力で英語力を身につけた＝東京都新宿区

研究も行う。国会議員の訪米を企画し、日米議員をつないできた。

小学生の頃から、国連で働くのが夢だった。弁護士になったのも、国連への近道と思ったからだ。日本で弁護士として社会問題に取り組んだあと、国際人権を学ぶため、2007年、ニューヨークのコロンビア大学ロースクールに留学。

さらに2009年から3年間、国際関係を学ぶためにワシントンへ。が、そこで日米外交の実態を知ったことが人生を変えた。

米国には日本の一部の声しか伝わっていなかった。日本にも、ワシントンのごく少数の知日派と呼ばれる

ここが気になる!

国連で働きたい!と思ったらどうすればいいの?

国連で働くには、やはり国連職員になるのが一番の近道。とはいえ定期採用があるわけではなく、世界中にある本部や事務所で「空き」が出れば募集がかかるという狭き門だ。今のうちにできることと言えば、自分の専門性を見つけ、語学力をみがき、大学の修士を取得すること。国際機関でのインターンシップを経験して職歴を積みながら、チャンスを待つことになるだろう。

人たちの考えが「米国の声」として伝わり、東京の政策決定に大きな影響を与えていた。

日本の政府や大企業は、知日派の属する米シンクタンクに多額の資金を提供、追い風となる発言をしてもらい、日本メディアに報道させて「外圧」をつ

プロフィール

1977年 東京都生まれ。2歳で愛知県へ。小学6年のころ、「国連で働きたい」という夢をもつ。中学生から器械体操を始める。

中学時代の猿田佐世さん

1995年 早稲田大学法学部入学。国際人権NGOアムネスティ・インターナショナル日本で活動。

1999年 司法試験に合格。タンザニアの難民キャンプなどでボランティア活動を行う。2002年以降、弁護士として人権に関わる案件を担当。

2007年 ニューヨークのコロンビア大学ロースクール入学。ニューヨーク州弁護士資格を取得し、2009年にワシントンへ。アメリカン大大学院で国際関係学を学びながら、日本の多様な声を米国へ届ける活動を始める。

2013年 東京で「新外交イニシアティブ（ND）」を設立。毎年、ワシントンを何度も訪れ、米政府や議会への働きかけを行う。

★家族は弁護士の夫と2人の息子。
★立教大学非常勤講師も務める。著書に『新しい日米外交を切り拓く』（集英社クリエイティブ）『自発的対米従属』（KADOKAWA）など。

くり、自らが望む政策を日本で実現させていた――。この仕組みを「ワシントン拡声器」と名づけ、のちに著書に書いた。

こんな外交はおかしい、何かできることはないか。まずワシントンに伝わっていない、沖縄の米軍普天間飛行場の辺野古移設反対の声を届けようと、手探りで米議会に働きかけを始めた。最初は連絡先もわからなかったが、少しずつ人脈を築いていった。

意見を伝えるコミュニケーション力の高さに、現地の人も舌を巻く。

ドイツと米国のシンクタンクの研究者とＧ７広島サミットに向けての打ち合わせをする猿田佐世さん（中央）＝東京都港区

■外交を動かすのは誰か？

外交に影響を与えるのは容易ではないが、米国防権限法から「辺野古は唯一の選択肢」という条文が削除されたり（2015年）、米側の要求で日本のプルトニウムの保有量の削減、上限が決まったり（2018年）、米下院軍事委員会の小委員会が辺野古の軟弱地盤に懸念を示したり（2020年）、「仲間とともに、少しだが変えられた」と成果を感じている。

ND事務局長の巖谷陽次郎さんは10年間変わらぬ姿を見てきた。「ひたむきに外交に打ち込んでいる姿はアスリートのよう。でも楽しくて仕方がないという様子です」。

本人もこういう。「やりがいがある。未知の分野を切りひらいてきた自負もあります」。**外交を動かすのは誰なのかを、問い続ける。**

猿田佐世さんに 聞いてみよう

Q 小学生時代から人権に関わる仕事をしたかったそうですね。

A 小学4年の頃、ユニセフ親善大使の黒柳徹子さんが抱く飢餓状態のアフリカの子どもたちをテレビで見たのがきっかけです。6年生の頃、国連を知り、働きたいと思うようになりました。

育ったのは、管理教育が厳しい愛知県の町。大学で教える両親は、そんな教育を批判していました。ふたりの背中を見て育ったことは

大きいです。

中学校は愛知教育大学付属へ。自主性が重んじられ、何をするにも自分で考え、議論して決める。高校は千種高校。自由で討論をよくしました。中高時代の体験は、私の基礎になっています。恵まれた環境でした。

Q

大学卒業と同時に司法試験に合格。司法修習を延ばしタンザニアの難民キャンプへ行かれたとか。

A

学生時代から10年間、国際人権NGOアムネスティ・インターナショナル日本でボランティア活動をしました。4年間、総会議長を務めたこともあります。でも、**自分は人権、人権と言うけれど、きれいごとではないかと思ったんです。人権などないような場面でその言葉は役に立つのか、見てみようと。**

ところが、タンザニアにある難民キャンプの高校で人権の授業を行うと、みんな本当に熱心に話を聞いてくれたんです。目指す方向は間違っていないと確信しました。自分の原点となった体験です。

まず動き、人に話を聞く。20代、30代はそんな現場主義の無鉄砲なやり方を通していました。

ワシントンではどのように日米外交の仕組みに気づいたのですか？

たまたま私が行った時期、日本で政権交代が起こったのがきっかけです。いろんなシンポジウムが開催され、出てみると、来場者の半分は米国駐在の日本人で、政府や企業関係者、メディアなどでした。

ある会場で、日本のテレビ局が多くの日本人を含む来場者に「政権交代で今後の日米関係はどうなるか」と、アンケートを行っていたのですが、「よくなる」「悪くなる」の二択で「悪くなる」と答えた人が圧倒的に多かったのです。当時の日本の世論調査における、政権の高い支持率と温度差があったのですが、それが「ワシントンの人々の声」として報じられていくのを知りました。**日本に届く米国の情報が、ワシントンの日本人に左右されている**と気づきました。

米国人は概して、日本への関心はありません。辺野古の基地建設に反対する「沖縄の声」を届けようと、沖縄問題を管轄する米下院小委員会の委員長を訪ねると「沖縄の人口は2千人くらいか？」と聞かれ、大変ショックを受けました。

でも彼は翌月には訪日し、私が求めたとおり、政権幹部と会ってくれました。「沖縄県民の気持ちが大事だ」と発言したと報じられています。

Q ワシントンから日本を変えていく発想ですか？

A

そうですね。ワシントンを変えるのは難しいです。私のできることはわずかにすぎません。

でも、日米安全保障政策に大きな影響をもつ知日派と言われる人は5人から30人ぐらいいます。ワシントンを少しでも変えられれば、日米外交は大きく変わるのです。

米国は、巨大NGOなど、市民と政府をつなぐ中間団体が充実しています。草の根の声を議会や政府に提言し、実現していくシステムがあります。

私が「新外交イニシアティブ（ND）」を立ち上げたのは、日本にも外交分野でそうした団体が必要で、シンクタンクからの発信なら米国でも聞いてもらえると思ったからです。**ワシントンの対話では、反対だけではダメです。どうしたいのか、具体的な政策を提案しなければ、相手にしてもらえません。**

Q いま、日本が軍事力拡大路線を突き進むなか、講演では「戦争を回避せよ」と訴えている意図は？

A

ここ数年で日本の安保・外交の状況は急激に変わりました。中国が力をつけ、米国が相対的に力を落とすなか、日本は軍事力を増強、今や日米同盟をリードしている面すらあります。「対米従属」だけでなく、日本は米国が手を出せないことにも関わったり、米国に対してより強硬な外交政策を求めたり。

他方、日本の安保の論議では戦争が起こるとどうなるか、被害の現実は語られていません。**有事にどうするかという議論の前に、有事を起こさせないためにどうするかの議論が絶対に必要です。**

私は米中の間で、したたかな外交を行っている東南アジア諸国がモデルになると考えています。

Q 希望をもって活動されていますか？

A

変わる希望があるとか、ないとか考えることはあまりないです。変えるしかない。そして楽しいから続けられます。

NDのスタッフはみんな若く、楽しんでやっていますよ。第一線の専門家を交えて具体的な政策を提言していますが、この数年、**軍事による抑止力一辺倒ではなく何ができるかを発信してきました。**市民の方々はもちろん、何よりも政治家の方々に読んでほしいですね。

新聞掲載：2023年4月1日

ボーダーレスな社会へ
9

『普通の人』を面白く見せるのが好き

ディレクター
三谷三四郎

「街録」で人間を伝える

Tシャツと短パン、金髪に染めた頭にはキャップをかぶり、素足にサンダル。コロナ禍の都心のビル街に現れたのは、亡き放浪の画家に似た素朴な青年だった。

その後、待ち合わせたモデル風のイケメンと近くのベンチへ。隣に座って一脚つき小型ビデオカメラを構えた途端、空気が変わる。この日のインタビュー相手は女性専用風俗のセラピスト。マスコミが忖度しそうな人物でも「そうなんですねー」と相づちを打ちながら、驚きの日常や壮絶な過去をスルスルと語らせていく。

街録。

道ゆく人に声をかけて撮影録音し、VTRにまとめるテレビ業界の専門用語だ。

駆け出しのアシスタントディレクター（AD）時代から得意だった取材手法を冠した番組「街録ch（チャンネル）～あなたの人生、教えて下さい～」をユーチューブに開設したのは、2020年3月。ほぼ毎日配信し、約700人に取材してきた。チャンネル登録者数90万人という快進撃で注目されている。

人気の理由は顔ぶれだ。セクハラ被害を訴える20代の元女性自衛官、

コロナ禍に入った直後から自転車で通い詰める東京・新宿で。「僕の動画はドキュメンタリーを装ったバラエティー」という

世界平和統一家庭連合（旧統一教会）の元信者で合同結婚式を挙げた経験を持つ50歳の女性など、「聞いたこともない話が聞けそうな」有名無名の老若男女を選び、事前リサーチせずに向き合う。

顔面アップのみの動画は、長くて1時間以上も続くが、絶妙なテロップなど巧みな編集技術で飽きさせない。

■もっと自由に番組を作りたい！

大学4年のとき、心酔するお笑い芸人のバラエティー番組を作ろうとキー局を受けたが不採用で、派遣社員として働き始めた。早々に「使えないAD」と烙印を押され、4年目で「笑っていいとも！」に移っても睡眠わずか2時間の激務の果て、生放送中に携帯を鳴らす〝大失態〟も。

ここが気になる！

テレビ局のディレクターの仕事って？

ディレクターは、テレビ番組の制作における「企画から撮影、編集まで」の品質管理を請け負う責任者。文字通りテレビ番組の内容を方向づけ、管理・指揮する役割を担う。プロデューサーと似ているが、プロデューサーが宣伝や予算を含む番組全体の責任者であるのに対し、ディレクターはあくまで番組の内容や品質そのものの責任者という違いがある。

28歳からはディレクターとして仕事は安定するが、テレビ局員と放送作家に翻弄される「業界内フリーランス」という扱われ方に不満が膨らんでいく。あるとき、丹精込めた街録のVTRが流れる深夜番組が1年で打ち切りと告げられ、絶望した。**「どんなに頑張って仕上げても誰にも気づかれずに消され、アーカイブも残らない。もっと自由で好きなように番組を作りたい」**。

プロフィール

1歳のころの三谷三四郎さん

1987年 東京都国立市生まれ。中3のとき、児童養護施設職員の父がくも膜下出血を発症、職場のトラブルも加わって退職し、家計が厳しさを増す。都立府中高校から法政大学工学部に推薦入学。松本人志著『遺書』(朝日新聞出版)に感銘を受け、テレビ業界を意識する。

2012年 派遣社員のアシスタントディレクター(AD)4年目にして「笑っていいとも!」に配属、番組終了の2014年3月まで激務をこなす。2015年からディレクターを名乗って「さまぁ～ずの神ギ問」「有吉ジャポン」などを担当、奨学金を全額返す。2019年4月から深夜のバラエティー「その他の人に会ってみた」でVTRを制作、1年後の番組終了でやりがいを失う。

2020年 3月、ユーチューブ番組「街録ch」を配信スタート。同業者の妻が妊娠、12月に第1子が誕生した。

緊急事態宣言下、東京・新宿の路上で暮らす50代男性の話を配信すると、コメント欄に支援情報が相次いだ。動画のサムネイル（縮小画像）で「収入源は盗み」と煽りつつ、役所に同行するなど自立まで追った。**「応援されるチャンネルになることが、手っ取り早く人を巻き込むのに効果的と思った**」。

令和版「裸の大将」は、戦略したたかに、人間を伝えている。

取材時は小型ビデオカメラの一脚を自分のひざで安定させる。この日の取材相手は女性専用風俗で働く真輝さん＝東京・新宿

三谷三四郎さんに 聞いてみよう

Q

ユーチューブ番組「街録ｃｈ」を開設して3年目で、登録者数は右肩上がりに増え続け、年内には100万人を達成すると見込んでいますね。

A

視聴者は20～50代、年代も性別も関係なく見られています。開設時は全部1人でやっていて、最近は編集作業を手伝ってくれるアルバイトが約40人。スケジュール管理などで1人雇い、ほぼ毎日配信しています。

ファンにはテレビのドキュメンタリーやノンフィクションが好きな人が多いです。そういう見た目にして〝大人向けの動画〟として配信していて、例えば取材した人がしゃべった内容の真偽を確かめる「裏取り」はしません。僕の目の前で、驚きの物語をしゃべる人間を面白いと思うので。基本「顔出し」で、政治家や宗教に関係する人も取り上げています。

■隣り合わせで

インタビューではマイクで声を拾う関係で隣り合わせで接近して座ります。結果、友だちぐらいの距離感で、話の腰を折らず、気持ち良くしゃべってもらうようにしています。

事前にリサーチしないのは、僕がちゃんとリアクションするため。衝撃の話にうそで反応し続けると、本当のこともうそ臭くなるので。

サムネイルの見出しは僕が考え、編集中に一番視聴者がギョッとする嫌な言葉を拾っています。雑誌の中づり広告のイメージで、それをつけた動画を配信前に本人に見せます。**しゃべりすぎたためにその人の日常に支障が出たり、人生メチャクチャになったりしても意味がないので。**

Q

再生回数1位は障害者専門の性風俗業の30代女性で約500万回。セクハラ被害を告発してきた元女性自衛官も約150万回。どう思いますか？

A

開設当初は無名の人たちだったのが、半年後の登録者1万人記念でタレント東野幸治さんに登場していただきました。2019年春から放送された深夜番組のMCで、そこで流れる街録VTRを僕が作っていたのですが、1年で打ち切られて絶望し、ユーチューブを始めたと伝えたら「応援するよ」とノーギャラで応じてくれました。

そこから再生回数が飛躍し、テレビ時代の人脈をたどってのオファーも始めました。

AD時代の三谷三四郎さん

街録は駆け出しADのころから好きでした。だって、**友だちにはいないような人に家族関係や恋愛の悩みを明かされ、想像もしない半生まで聞かせてもらえる**んですよ、「仕事」として。

それをいかに面白く編集するかも僕の腕次第。他の番組よりも情熱を注いでいて、心のよりどころでした。

■気楽で気軽

以前から、ユーチューブだったら好きな動画を企画段階から自由に作れ、誰からも文句も言われず、

うらやましいと思っていたんです。「月々30万円稼げなかったら戻る」と同業者の妻に約束して1人、自転車で新宿に通いました。

テレビとの違いは気楽で気軽なことです。だから、元横綱の父に縁を切られた花田優一さんなど、忖度が働いて絶対無理な人を取り上げることができました。

和歌山カレー毒物混入事件の林真須美死刑囚の長男とつないでくれたのは同じフリーディレクター。発生20年で企画された番組の出演予定が局の判断でボツになった、と提案されたんです。

Q 人助けをエンタメ化したい、という企画があったそうですね。

A

過去に取材したゲイバー経営者がコロナ禍で店が潰れそうと聞いてクラウドファンディングを提案し、寄付者への返礼品も一緒に考え、経営者を再び取材して配信したんです。１００万円以上の寄付が集まり、動画もよく再生されました。

どん底やピンチからはい上がる過程を映し出したら、ドキドキして面白い。自分の生活をなげうってまでボランティアで人助けしたいと思うほど、僕は人間できていませんから。

Q

テレビの世界から離れ、今後の目標は？

A

思春期まで父の失職などで家があまり裕福ではなく、唯一の娯楽がテレビでした。19歳のとき、古本屋で１００円で買った松本人志さんの『遺書』を読んで心酔し、いつか会えたらいいなーと思いました。**松本さんの番組で働く夢をかなえる中で、僕は芸能人よりも「普通の人」を面白く見せるのが好きだと自覚しました。**

地味な情報番組を3年間担当した新人のころ、1分半の「つなぎ」の映像を、ゴールデンタイムと同じ熱量で作る上司と出会いました。自分もVTRの編集技術を磨き、力を養いました。

テレビの世界は納得のいかないことも多く、誰かを恨んで腐ったりしてましたが、今は「システム」が合わなかったと感じています。

これからも、誰も興味を持たないような一般の人たちに光を当てたい。楽しくて一生続けられそうなので、20年後、時代を反映するアーカイブができているかもしれません。

新聞掲載：2022年9月3日

Column もっとくわしく知りたい！

リアルな現場の最前線

ユーチューバーはどうやって収入を得ているの？

ユーチューバーとして収入を得る方法はいくつかあるが、最たるものは広告収入だろう。広告の表示回数やクリック数に応じて支払われるので、いかに多くの視聴者に見てもらえるかがカギ。また、動画が人気になってくると、企業から「自社商品やサービスを宣伝してほしい」と依頼を受けることもある。いわゆる「案件」で、これも収入につながる。

登録者数が増えるメリットはユーチューブ内にとどまらない。オンラインサロンという形でネット上に月額会員制のコミュニティを展開する流れも増えている。

ボーダーレスな
社会へ
10

みんなみんな咲（さ）く社会へ

花屋ローランズ社長
福寿満希（ふくじゅみづき）

『好き』から選べる障害者雇用へ

原宿駅前の喧噪を抜けた住宅街の小さなカフェ。ワサワサと観葉植物が茂り、天井から色とりどりのドライフラワーが下がる。奥の花屋では、深紅のバラが次々と花束に整えられていく。

都内5カ所に拠点をもつローランズが、**普通の花屋と少し違うのは、従業員80人（2024年7月現在）の7割が心や体にハンデを持っていること。そしてその3割が、取引先の中小企業と「一緒に雇用」しているということ。**

ローランズが障害者を雇用すると連携する取引企業全体が雇用したことになる、全国初の取り組みだ。

「幸せとは気づくもの」が持論。「幸せって、実は既(すで)にみんなの周りにあって、そこに気づけているかどうかが、その人の日常の景色を変えていくきっかけになる」＝東京都渋谷区

大好きな花で社会貢献をしよう。そう思って、23歳で花屋を始めた。最初は、花のギフトを発送する普通の花屋だった。転機は、二つの出会い。

2015年、お花の講師として呼ばれた福祉作業所で、仕事のストレスから40代で統合失調症になった男性に出会った。再就職活動を3年続けていたが、落ち続けていた。

手先の器用さを見込んでアルバイトとして採用し、初めての給料を手渡した日、「久しぶりにもらったお給料です」と涙ぐんだ。

スキルも意欲もある人が「障害がある」だけで世の中の採用から漏れてしまう。働きたい人が、働けない。

あのときの子どもたちと同じだった。

大学3年の夏。硬式テニスの有力選手として、スポーツ推薦で進学したが、オリンピック選手級の強豪がひしめく中で、存在がかすんでいく。試合のメンバーにすら入れない。何のとりえもない自分。劣等感の塊だった。

そんな頃、教育実習で特別支援学校を訪れた。輝く瞳で将来の夢を語る子どもたちを見て、自分にできないことではなく、「できること」に向き合う大切

プロフィール

1989年 石川県生まれ。中学生から硬式テニスを始める。部活動で頭角を現し、高校でインターハイ出場。

2007年 スポーツ推薦で順天堂大学に入学。

2010年 教員免許取得のため特別支援学校へ教育実習に行く。障害のある子どもたちの8割が働く夢が叶わないと知る。

2011年 新社会人になり、仕事で苦しい時期に街角の花屋が目に入り、癒やされた。花の癒やしの力を感じ、フローリストの勉強を始める。

2013年 学生時代に知った、社会課題を解決する花屋を目指し、ローランズを起業。廃棄される花を紙に再生する事業などに取り組む。

2013年 一般社団法人ローランズプラス設立。その後、原宿に就労継続支援A型事業所としてカフェ兼花屋を開設。ギフトやブライダル装花なども手がける。

2019年 東京圏国家戦略特区と連携し、障害者を共同雇用するウィズダイバーシティ有限責任事業組合を設立。

さに気付かされた。

担当教員に伝えると「でも、ほとんどの人は、働くことを経験せずに、生涯を終えていきます」と返ってきた。衝撃だった。「いつか、この子たちを受け入れられる会社を作りたい」。

子どもも大人も状況が同じなら、自分が働く場をつくろう。給料を手渡した日、原点を思い起こし心を決めた。

■1人がすべてをできなくていい

2016年、経営方針を転換し

スタッフと作業をする福寿満希さん（右）。ローランズの人事評価には「毎日ご機嫌であること」という項目がある。「楽しい気持ちの連鎖が起こっていくように」という願いが込められている＝東京都渋谷区

「障害者雇用」に本腰を入れた。「狭く暗く遠い」という障害者雇用環境のイメージを払拭しようと、2017年、東京のど真ん中にカフェ兼花屋を開いた。

目指すのは、誰も排除されず誰もが花咲く社会。

面接にくる障害者は、下を向き、表情が暗い。でも、仕事で小さな達成感を重ねると、上を向いて輝き出す。その瞬間に立ち会えることが何よりうれしい。

1人がすべてをできなくていい。一つのことができるみんなが集まって、得意を極める。それがローランズのやり方だ。「自分の『持っているもの』に気づく。まずはそこからです」。

福寿満希さんに 聞いてみよう

Q

従業員の7割はハンデを抱えているとか。

A

そのうちのおよそ8割は、精神の障害と向き合う人たちです。企業の中間管理職だったけれど統合失調症になった人や、事故の後遺症で高次脳機能障害になった人。パニック症や適応障害と向き合うスタッフもいます。

精神障害の人の就職1年後の定着率は、全国平均は5割程度ですが、ローランズでは9割を超えます。

Q 働く環境づくりでは、どのような工夫を？

A

例えば、服薬で朝起きることに影響が出る人は、午後からの勤務に。記憶に障害がある人には業務内容を紙に書いて渡します。

天候によって出社にばらつきがある人は「休む可能性がある」ことを周囲が知っておき、休んだことを責めない。誰かが休んでも他の人にしわ寄せがいかないように、10ある部門どうしが応援しあえる体制を作っています。

仕事は、5人1組のチームで行います。花、カフェ、植栽、業務推進部門など約10のチー

ローランズで働く人たちと福寿満希さん

ムがあり、チーム内の仕事も10工程ほどに細分化しています。
リース作りなら、注文を受ける人、植物を準備する人、リースの土台を作る人……。**一つの工程に集中してもらい、その工程のスペシャリストを育てていくのが私たちのやり方です。**

Q

適性は、どうやってみつけていくのでしょうか？

A

まずは「やってみたい」と思う仕事から始めます。障害があると、選択肢が少なく「好き」から始める働き方があまりできない。でも、**好きの延長線上でする仕事は楽しいですよね。つらいときに、その気持ちが助けてくれることもある。**

やってみて仕事や環境が合わないときは、社内のジョブチェンジをして自分に合う仕事をみつけていきます。

Q 働くうえで、障害者側に求められる要素は？

A 配慮してほしいことを自分から伝えること、でしょうか。**配慮は、ただ待っていても提供されません。自分はこれが障害によって苦手だからこうしてほしいと、自分から伝える必要があります。**

障害のある人と一緒に働く人への配慮も大切です。一般の従業員が配慮されない状況はのぞましくない。管理職の仕事は「配慮すること」ではなく、「配慮し合う環境をつくること」と位置づけています。

Q 2019年から取り組む共同雇用。「一緒に雇用する」仕組みとは？

A

全国に10カ所ある国家戦略特区のメニューに、障害者の雇用を促進する法律の特例があり、それを活用してスタートしました。障害福祉団体と中小企業がパートナーシップを結び、それぞれが「障害者の雇用・管理」「仕事の提供・教育」どちらかの役割を分担しながら一緒に雇用を進める仕組みです。

大企業は特例子会社（大企業が、配慮を行う特別な会社に仕事と雇用を集約）をつくって雇用を進めることができますが、世の中の9割を占める中小企業には難しい。そこで、中小企業も取り組みやすくしたのがこの仕組みです。参画した企業は、障害福祉団体と連携して、中小企業版の特例子会社（中小企業が障害福祉団体に仕事と雇用を集約）を持てるようにしました。自社雇用だけでなく、仕事の提供による雇用づくり（共同雇用）で算定できます。

今は、ローランズを含む7社が出資して共同体（有限責任事業組合、LLP）をつくり、13人分の障害者雇用を生みだしています。

Q

国は障害者の法定雇用率を定めていますが、達成している民間企業は5割ほどです。会社の規模が小さいと達成率が低い。どう思いますか？

A

障害者は、企業で孤立しやすく、仕事が長続きしません。福祉団体は営業力に課題があって仕事の確保が難しい。中小企業は、働く環境を整えることのハードルがとても高い。法定雇用率を達成できないときの納付金のほうが、実際に雇用するよりも安いという現実もあります。

それならば、**雇用環境の整った障害福祉団体で雇用を増やし、企業は仕事を確保することに特化する。お互いの得意なことで役割分担をして「みんなで」雇用する、というのが共同雇用の取り組み**です。

具体的には、企業は障害者1人分の人件費にあたる金額が捻出できる一定額以上のサービスを、障害福祉団体でもあるローランズに業務発注します。これを原資に、私たちが障害者を雇用し、サービスを提供します。

花の配送、観葉植物のレンタルやウェブ制作、事務代行など7部門約40種のサービスを提供しています。

企業は、専門分野の成果物を受けとり、企業活動に活かすことができます。**コストと考えられがちな障害者雇用を、企業の成長につなげる形に変える**、というのが狙いです。

Q

でも、全国でまだ1例だけですよね。

A

今はまだ、国家戦略特区内でしか実現できず、要件も非常にややこしい。制度そのものがあまり知られていない現実もあります。

今後、エリア要件が撤廃されたら、東京圏以外の企業ともタッグを組みたいですね。障害福祉団体との連携も進めたいです。日本で一番の共同雇用をつくり、人を咲かせていきたいです。

新聞掲載：2022年6月25日

おわりに

この本を読んでくださったみなさんへ——。

さまざまなジャンルで「ボーダーレスな社会」を体現するフロントランナー10人のお話はいかがだったでしょうか？

この本を読んだみなさんが、いずれかのエピソードによって心を揺り動かされたのだとしたら、これほど幸せなことはありません。


本書の登場人物たちが超えてきたボーダーは国境や性別、障害など多岐に渡ります。

ピアニストでありながら、ユーチューブでも精力的に情報発信する、角野隼斗×かてぃんさんは、二刀流（投手かつ打者）として大活躍する、大谷翔平選手さながら、ひとつのことで成功を目指すべきだとされていた世界で固定観念を覆し、2つのことを追い求めても成功できる、ということを証明しています。


「日本人が／女性が、世界で活躍するのはむずかしい」

「目標はひとつにしぼらないと、うまくいかない」

「ハンデを抱える人たちに仕事を任せるのは不安がある」

あくまでも一例ですが、このような根拠のない不安や疑問を、誰もが少なからず持っているのかもしれません。

でも、本書を読み進めるにつれ、それらが、ただの思い込みにすぎないと、気づかされるはず。

真のボーダーレスとは、つまるところ、自分の中の「こうでなくてはいけない」といった思い込みや、知らず知らずのうちに自らに課している制限を、超えていくことなのでしょう。

思い込みや制限が払拭された先には、誰もが、自分ならではの幸せを追求でき、他者の幸せを尊重できる社会があります。

この本は、未来の「フロントランナー」であるみなさんに

そのような社会の実現を託したい、という思いを込めて作った1冊です。

朝日新聞be編集部
岩崎FR編集チーム

Staff

出典元記事
RIEHATAさん分＝文・林るみ　写真・北村玲奈
角野隼斗×かてぃんさん分＝文・吉田純子　写真・細川卓
永田龍太郎さん分＝文・西村奈緒美　写真・伊藤進之介
田口一成さん分＝文・秋山訓子　写真・長島一浩
厚子・東光・フィッシュさん分＝文・秋山訓子　写真・井手さゆり
中嶋涼子さん分＝文・伊藤繭莉　写真・吉田耕一郎
朴昭熙さん分＝文・藤えりか　写真・福留庸友
猿田佐世さん分＝文・林るみ　写真・伊藤進之介
三谷三四郎さん分＝文・高橋美佐子　写真・竹花徹郎
福寿満希さん分＝文・鈴木彩子　写真・井手さゆり

編集　岩崎FR編集チーム
編集協力　峰岸美帆
装丁　黒田志麻
イラスト　山中正大
DTP　佐藤史子
校正　株式会社 鷗来堂

参考サイト
昭和音楽大学
アートスケープ
Pianoseed.com
PRIDE JAPAN
LIFULL HOME'S
OECD
日本経済新聞
Champion of Change Japan Award
男女共同参画局政府広報オンライン
内閣府

外務省 国際機関人事センター
R-Stone

フロントランナー

5 ボーダーレスな社会へ

2024年10月31日　第1刷発行

監修　朝日新聞be編集部

発行者　小松崎敬子
発行所　株式会社 岩崎書店
〒112-0014　東京都文京区関口2-3-3 7F
電話　03-6626-5080（営業）　03-6626-5082（編集）

印刷　三美印刷株式会社
製本　株式会社若林製本工場

ISBN 978-4-265-09189-8 NDC366 160P 21×15cm

Published by IWASAKI Publishing Co., Ltd.
Printed in Japan

岩崎書店HP https://www.iwasakishoten.co.jp
ご意見ご感想をお寄せください。info@iwasakishoten.co.jp
乱丁本・落丁本は小社負担でおとりかえいたします。